標準レベル 1 しょしゃ

べんきょうした日〔　月　日〕

じかん	15ふん
ごうかく	40てん
とくてん	50てん

シール

1 20 40 60 80 100 120（回）

1 なぞって　ていねいに　かき　ましょう。（一つ4てん）

① 
とり　とり

② 
たこ　たこ

③ 
やま　やま

④ 
かさ　かさ

⑤ 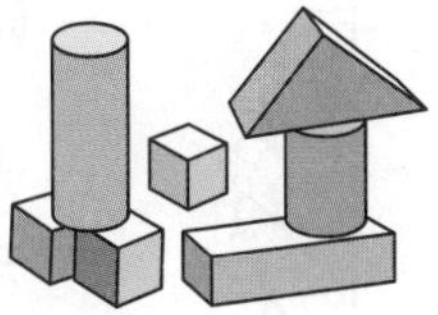
つみき　つみき

⑥ 
えほん　えほん

2 えに　あう　ことばを、あと　から　えらんで　かきましょう。（一つ5てん）

① 

② 

③ 

④ 

おに　ぶどう
あり　うさぎ

3 じぶんの　なまえを　かきま　しょう。（6てん）

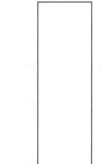

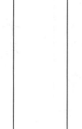

しょしゃ

1 20 40 60 80 100 120（回）

べんきょうした日［　月　日］

じかん	15ふん
ごうかく	40てん
とくてん	50てん

シール

1 つぎの ことばを ていねいに かきましょう。（①〜③一つ3てん、④6てん）

① いちねんせい

② げんきに はしる。

③ あさがおの はなが ひらきました。

④ ともだちと こうえんへ いきました。いろいろな あそびを しました。

2 つぎの えに あう ことばを、あとから えらんで かきましょう。（一つ5てん）

①
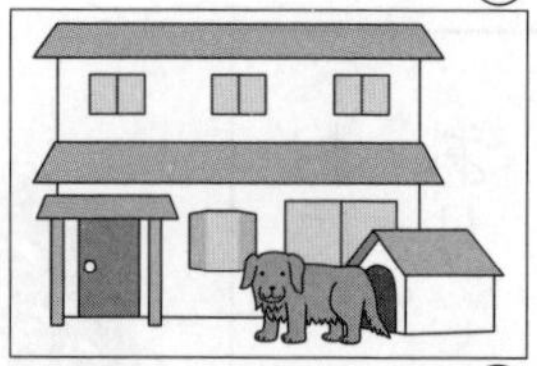

②

③

① おおきな □ が いる □。

② □ に しろい □ が うかんで いる。

③ □ に すわって □ を する。

つり　いわ　いぬ
くも　そら　いえ

3 じぶんの がっこうの なまえを かきましょう。（5てん）

ひらがな (1)

べんきょうした日（　月　日）

じかん 15ふん

ごうかく 40てん

とくてん　　50てん

シール

1

□に はいる じを かきましょう。（一つ1てん）

① あ い う □ お

② か □ く け こ

③ □ し す せ そ

④ た ち □ て と

⑤ な に ぬ ね □

2

えに あう ことばを かきましょう。（一もん3てん）

①  □め

②  □し

③  □き

④  □つ

⑤  □み

⑥  □じ

⑦  は□

⑧  □か□

⑨  □□み

⑩  □つ□

⑪  □□か

⑫  □り□

3

□に はいる じを かきましょう。（一つ3てん）

はるに なって、きれい□ はなが たくさん □きました。いい か□りが しました。

上級レベル

4 ひらがな（1）

べんきょうした日（　月　日）

じかん 15ふん

ごうかく 40てん

とくてん　　50てん

シール

1 「あ〜の」の じゅんに なるように、あいて いる ところを うめましょう。（7てん）

	た			あ
に		し	き	
				う
		せ		
の	と		こ	

2 つぎの ことばを、ただしい じに なおして かきましょう。（一つ2てん）

① りさご（　　）

② さいふ（　　）

③ くすり（　　）

④ てつぼう（　　）

⑤ わたがし（　　）

⑥ にんじん（　　）

3 「あ・か・さ・た・な」で はじまる ことばを かきましょう。（一つ2てん）

あ（　　）

か（　　）

さ（　　）

た（　　）

な（　　）

4 □に おなじ じを かいて、ものの なまえを つくりましょう。（1もん3てん）

① み□ん — あ□り

② こ□つ — か□な

③ は□み — う□ぎ

④ □むし — □いと

⑤ う□わ — □つね

⑥ □なか — こ□り

⑦ つ□し — ほ□ろ

標準 レベル

5 ひらがな (2)

1 20 40 60 80 100 120（回）

べんきょうした日（　月　日）

じかん 15ふん

ごうかく 40てん

とくてん　　50てん

シール

1

□に はいる じを かきましょう。（一つ1てん）

① は□ふへほ

② まみむめ□

③ □いゆえよ

④ らり□れろ

⑤ □いうえをん

2

えに あう ことばを かきましょう。（一もん3てん）

①  □え

②  □げ

③  □り

④  □き

⑤  □め

⑥ 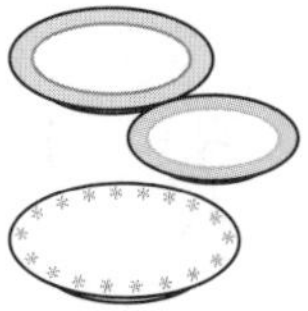 さ□

⑦  □□

⑧  け□し

⑨ 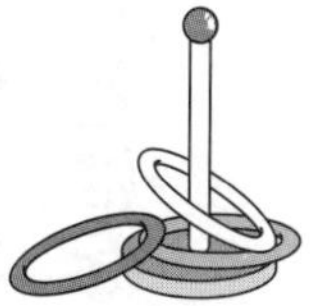 □なげ

⑩ 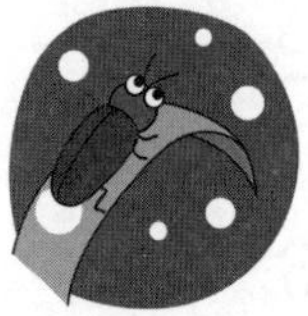 □た□

⑪ 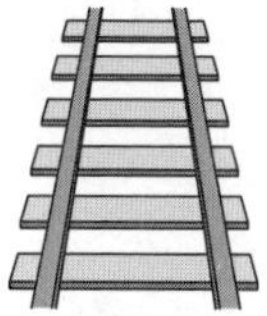 せ□□

⑫  □さ□

3

□に はいる じを かきましょう。（一つ3てん）

□とりで おつかいに いきました。みか□を かって かえ□ました。

上級 レベル 6

ひらがな(2)

1 「は〜を」の じゅんに なるように、あいて いる ところを うめましょう。(8てん)

			ら	は
い	い	み		
う				ふ
え	え			
	ろ		も	

2 あてはまる ことばを えらんで かきましょう。(一つ3てん)

① くらく なったので (　　)を ともす。

② きゅうしょくの (　　)に なる。

③ おもさを はかる。(　　)に のせて

④ たいようの (　　)が まぶしい。

はかり　あかり
ひかり　かかり

3 「は・ま・や・ら・わ」で はじまる ことばを かきましょう。(一つ3てん)

は (　　)
ま (　　)
や (　　)
ら (　　)
わ (　　)

4 □に おなじ じを かいて、ことばを つくりましょう。(一つ3てん)

① □とん　□ぶき　□じさん　□ろ　［　］

② □だか　じ□ん　□かくし　□じるし　［　］

③ □かた　□ず　おか□　ま□げ　［　］

④ □うか　ふく□う　□うそく　じょう□　［　］

⑤ □ね　へ□　□きとり　□かん　［　］

べんきょうした日 (　月　日)

じかん 15ふん

ごうかく 40てん

とくてん　シール　50てん

標準 レベル

7 ひらがな (3)

じかん 15ふん　ごうかく 40てん　とくてん　／50てん　シール

べんきょうした日（　月　日）

1 ただしい じゅんに なるように、あいて いる ところを うめましょう。（10てん）

ぱ		だ		が
	び		じ	
ぷ				ぐ
ぺ		で	ぜ	げ
	ぼ	ど		

2 ただしい ほうに ○を かきましょう。（一つ2てん）

① 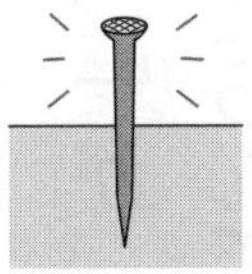
（　）くき
（　）くぎ

② 
（　）かがみ
（　）かかみ

③ 
（　）めがね
（　）めかね

④ 
（　）たんほほ
（　）たんぽぽ

⑤ 
（　）せんぷうき
（　）せんふうき

3 まちがって いる じに、「゛」や「゜」を ただしく つけましょう。（一つ3てん）

① おおこえで うたう。

② あおそらが きれいだ。

③ えんひつで かく。

④ いぬと さんほを する。

4 えに あう ことばを かきましょう。（一もん3てん）

① 
な□□つ

② 
て□く□

③ 
□し□む

④ 
く□□き

⑤ 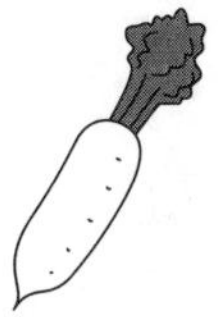
□いこ□

⑥ 
のこ□□

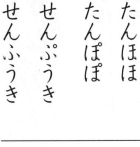

上級レベル 8 ひらがな(3)

1〜120(回)

べんきょうした日〔　月　日〕

じかん 15ふん
ごうかく 40てん
とくてん　　/50てん
シール

1 「゛」が つけられる じに ○を つけましょう。(一もん2てん)

① かまいとへ
② なしやみた
③ わふすちお
④ そはほきの
⑤ はな□ーか□ん

2 「゜」が つけられる じを えらんで、「゜」を つけて かきましょう。(一つ2てん)

① とふかに □
② しきよほ □
③ はすなや □
④ あたひも □

3 □に おなじ じを かいて、ものの なまえを つくりましょう。(一もん2てん)

① す□めーあ□き
② なふ□ー□るま
③ も□らーえの□
④ □んわーお□ん

4 まちがって いる じに 「゛」や 「゜」を ただしく つけましょう。(12てん)

あめか ふって きたので、かっはを きて かえりました。みすたまりの なかを あるいた とき、かえるか てて きて おとろきました。

5 えに あう ことばを かきましょう。(一もん2てん)

①  □□□こ
② 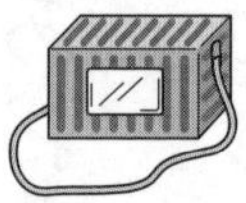 □□か□
③  □□□し
④  □□□り
⑤  □□と□
⑥  て□□□

じかん 15ふん
ごうかく 40てん
とくてん　　　50てん
シール

べんきょうした日〔　月　日〕

1

□に　おなじ　じを　かいて　ことばを　つくりましょう。（一つ2てん）

① □んぶん□
② □□たろう
③ たん□□
④ □んど□かい
⑤ し□か□せ□

□　□　□　□　□

2

えに　あう　ことばを　かきましょう。（一もん3てん）

①  □□□り
②  □□□い
③ 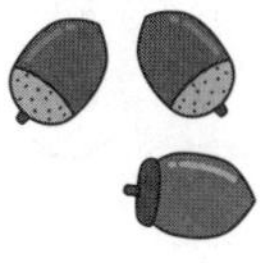 □□□り
④ 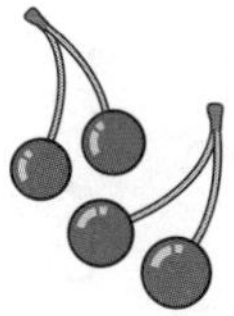 □く□ん□
⑤ 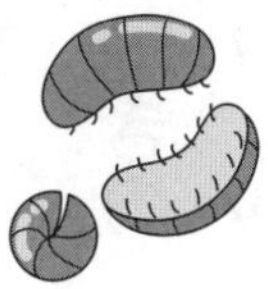 □ん□□し
⑥  う□□□ち

3

□には　おなじ　じが　はいります。その　よっつの　じを　ならべかえて、ひとつの　ことばを　つくりましょう。（7てん）

① もう□・とう□・□ろしき
② たい□・□ども・ひ□うき
③ □けっ・か□ん・すな□
④ □んち・□ぐち・むか□

（　　　　）

4

まちがって　いる　じを　なおしましょう。（一つ1てん）

（れい）~~く~~たのしい　えんそく~~て~~でした。

みんなて　かくれんほを　して　あそひました。おとこのこは　すくに　とこかに　かくらました。わたしは　きの　かけに　かくれました。

5

どちらかに「〃」を　つけて　ことばを　つくりましょう。（一つ2てん）

① けた　② そて
③ かは　④ くき

10 最上級レベル ②

べんきょうした日（　月　日）

じかん 15ふん

ごうかく 40てん

とくてん　　/50てん

シール

1

つぎの ことばを ふたつずつ かきましょう。（一つ2てん）

① おなじ じで できて いる にじの ことば。

（れい）はは

□□　□□

② にじの ことばで、かたほうに「゛」が ついて いる ことば。

（れい）かば

□□　□□

2

えに あう ことばを かきましょう。（一もん2てん）

①  □□□□

② 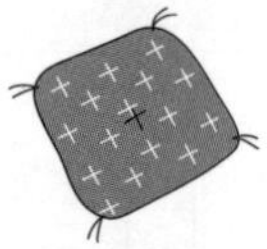 □□□□

③  □し□□□

④ 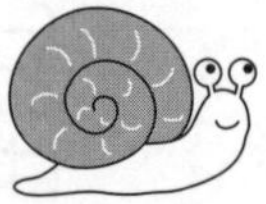 □□つ□□

⑤  □□□□ま

⑥  □い□□□

3

つぎの あかと くろの ことばを ふたつ つなげて、いつつの ことばを つくりましょう。（一つ3てん）

え　はがき　なつ　にわか　こもり　いと　でんわ　やすみ　うた　あめ

（　　）（　　）（　　）（　　）（　　）

4

つぎの じを いちどずつ つかって、いつつの ことばを つくりましょう。（15てん）

さ　ぎ　こ　な

み　ば　ん　ざ

そ□　た□　う□□　と□□　は□□

標準 レベル 11

ちいさい じの ある ことば (1)

じかん 15ふん
ごうかく 40てん
とくてん　　50てん

べんきょうした日〔　月　日〕

1　ただしい ほうに ○を かきましょう。（一つ2てん）

① 
（　）でんしゃ
（　）でんしや

② 
（　）てつぽう
（　）てっぽう

③ 
（　）にんぎょう
（　）にんぎよう

④ 
（　）じゆうえん
（　）じゅうえん

⑤ 
（　）きようりゅう
（　）きょうりゅう

⑥ 
（　）ぎゅうにゅう
（　）ぎゆうにゆう

2　えに あう ことばを かきましょう。（一つ2てん）

① 

き□て

② 
ち□う

③ 
せ□けん

④ 
ち□わん

⑤ 
し□うじ

⑥ 
き□うり

⑦ 
じ□んけん

3　れいに ならって かきましょう。（一つ1てん）

（れい）き→（きや・きゅ・きょ）

① ひ→（　・　・　）
② み→（　・　・　）
③ ち→（　・　・　）
④ じ→（　・　・　）

4　えに あう ことばを かきましょう。（一もん3てん）

① 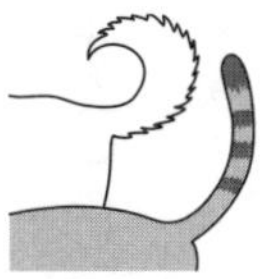
し□□

② 
か□□□

③ 
し□□ん

④ 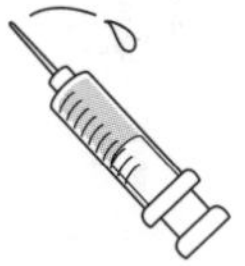
ち□□し□

上級レベル 12 ちいさい じの ある ことば (1)

べんきょうした日〔　月　日〕

じかん	ごうかく	とくてん
15ふん	40てん	/50てん

シール

1 ちいさい じに なる ものに ○を つけましょう。（一もん2てん）

① としよかんへ いく。
② しやぼんだまを とばす。
③ きゆうきゆうしやの え。
④ ありが ひやつぴき いる。

2 あてはまる ことばを えらんで、かきましょう。（一つ3てん）

① へびが（　　　）うごく。
② あたりを（　　　）みまわす。
③ みずが（　　　）もれる。

きょろきょろ　ちょろちょろ　にょろにょろ

3 まちがって いる じを なおして かきましょう。（一つ3てん）

（れい）おちやを のむ。→（おちゃを のむ）。

① ちよつと やすむ。
（　　　）。
② ひやつかてんに いく。
（　　　）。
③ じゆぎようを うける。
（　　　）。
④ すこし きゆうけいする。
（　　　）。

4 えに あう ことばを かきましょう。（一つ3てん）

① 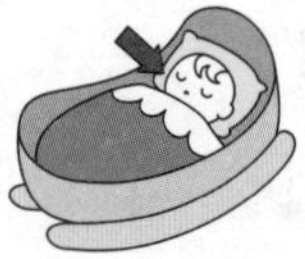
（　　　）
② 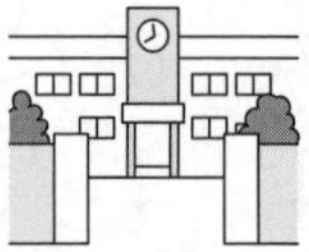
（　　　）
③ 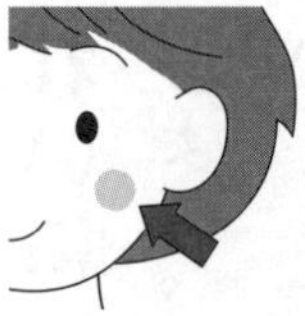
（　　　）
④ 
（　　　）
⑤ 
（　　　）
⑥ 
（　　　）
⑦ 
（　　　）

ちいさい じの ある ことば (2)

べんきょうした日（　月　日）

じかん 15ふん

ごうかく 40てん

とくてん　　／50てん

シール

1 20 40 60 80 100 120(回)

1 ただしく かいて ある ことばに ○、まちがって かいて ある ことばに ×を かきましょう。（一つ2てん）

① あくしゅ（　）

② りょうし（　）

③ じゅうたん（　）

④ ひようたん（　）

⑤ やっこだこ（　）

2 □には おなじ ちいさい じが はいります。その じを かきましょう。（一つ3てん）

① し□しょう／し□ちょう／し□かい　□

② どくし□／はっぴ□うかい／し□うじ　□

③ き□うじつ／じ□うしょ／し□うかい　□

④ こ□き／ま□さお／て□きょう　□

3 □に はいる ちいさい じを かきましょう。（一つ2てん）

① し□もじで ごはんを よそ□た。

② し□ぱいして が□かりした。

③ かけ□こで い□とうに なる。

④ き□うきなさいと、き□うに よばれた。

4 えに あう ことばを かきましょう。（一つ3てん）

① 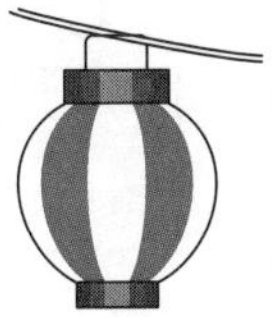（ち　　）

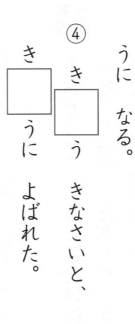

② （ち　　）

③ （し　　）

④ （し　　）

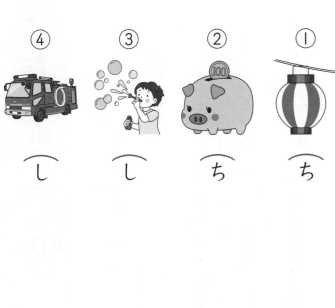

ちいさい じの ある ことば (2)

じかん 15ふん　ごうかく 40てん　とくてん ／50てん　シール

べんきょうした日〔　月　日〕

1 ちいさく かく じに ○を つけましょう。(一もん3てん)

① たいようが ゆつくりと のぼつて くるのを じつと みて いました。

② こげた においが すると おもつたら、めだまやきが まつくろに なつて いました。

③ おばあちやんと いつしよに おんせんに いきました。おいしい りようりを たべて、たのしかつたです。

2 □に はいる ちいさい じを かきましょう。(一つ2てん)

① わたしの おとうさんは おいし□さんです。まいにち び□ういんに かよ□て、たくさんの かんじ□さんを ちり□うします。

② ぼくが の□た でんし□は とても り□ぱで、り□こうを する おき□くさんで い□ぱいでした。

③ おし□うがつに、おとうさんと きんじ□の じんじ□に いきました。おさいせんを じ□うえん いれて、り□うてを あわせて ねがいごとを しました。

3 まちがって いる ことばに ×を つけて、ただしく かきなおしましょう。(一もん3てん)

① しょうゅが たらなく なったので、おっかいに いきました。

② まりちゃんは、なわとびを ひやつかい とべます。

③ よつかごに おとうさんが ひこうきで がいこくに しゅつぱつします。

標準レベル 15

のばす おんの ある ことば (1)

べんきょうした日〔　月　日〕

じかん 15ふん
ごうかく 40てん
とくてん　　／50てん
シール

1 □に「あ」「い」「う」「え」「お」の どれかを かきましょう。（一つ2てん）

①  おか□さん

②  おに□さん

③  おと□さん

④  おね□さん

2 ただしい ほうを ○で かこみましょう。（一つ3てん）

① ｛おべんとう／おべんとお｝を たべる。

② あかい ｛ほのう／ほのお｝。

③ ｛よおふく／ようふく｝を かう。

④ ｛おうさま／おおさま｝の くつ。

3 まちがって いる じを なおして かきましょう。（一つ3てん）

① ほうずき（　　）

② がっこお（　　）

③ おうかみ（　　）

④ おとおと（　　）

⑤ せんせえ（　　）

⑥ じどおしゃ（　　）

4 えの ものの なまえを かきましょう。（一つ4てん）

①  （　　）

②  （　　）

③  （　　）

上級レベル 16 のばす おんの ある ことば (1)

べんきょうした日〔　月　日〕

じかん 15ふん
ごうかく 40てん
とくてん
シール
50てん

1 20 40 60 80 100 GOAL 120（回）

1 ただしい ものに ○を かきましょう。（一つ3てん）

① （　）せえせきひょう （　）せいせきひょう （　）せいせきひょお

② （　）どうろこおじ （　）どうろこうじ （　）どおろこおじ

③ （　）とうきょお （　）とおきょう （　）とうきょう

④ （　）じどおこうえん （　）じどうこうえん （　）じどうこおえん

⑤ （　）れいぞうこ （　）れえぞうこ （　）れいぞおこ

⑥ （　）おおそうじ （　）おうそうじ （　）おおそおじ

2 えの ものの なまえを かきましょう。（一つ4てん）

①  （　　　）

②  （　　　）

③  （　　　）

④  （　　　）

⑤  （　　　）

3 ただしい ものには ○、まちがって いる ものには ×を つけて、ただしい じを かきましょう。（一つ3てん）

（れい） え~~え~~が （　）（い）

① おはよう （　）（　）

② きょおしつ （　）（　）

③ けえじばん （　）（　）

④ はっぴょお （　）（　）

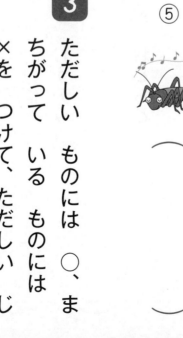

標準レベル

17 のばす おんの ある ことば (2)

じかん 15ふん

ごうかく 40てん

とくてん ／50てん

シール

べんきょうした日（ 月 日）

1 □に あてはまる じを かきましょう。（一つ2てん）

①

しょ□ぼうしゃ

が と□る。

②

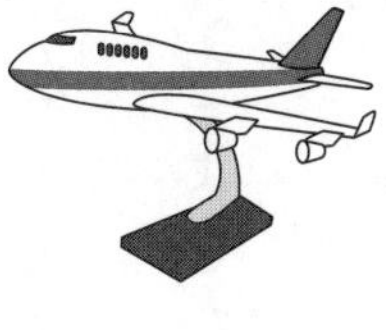

ひこ□きの

もけ□。

2 □には おなじ じが はいります。その じを かきましょう。（一つ3てん）

① じょ□ぎ／ぎゅ□にゅ□／きょ□かい　□

② ほ□ずき／と□せんぼ／お□あめ　□

③ し□たけ／け□さつ／おに□さん　□

④ てつぼ□／たいそ□／ぼ□し　□

⑤ お□きい／お□う／と□い　□

3 ただしい ほうを ○で かこみましょう。（一つ3てん）

① （へい・へえ）の いろを （ていねえ・ていねい）に ぬりました。

② （きょう・きょお）、ともだちの うわぐつが、（かたほ・かたほう）だけ （ろおか・ろうか）に おちて いました。

③ （げつよう・げつよお）には、（けんどお・けんどう）の （けえこ・けいこ）が あるので、（どうじょう・どうじょお）に いきます。

上級 レベル 18

のばす おんの ある ことば (2)

べんきょうした日〔 月 日〕

じかん	15ふん
ごうかく	40てん
とくてん	50てん

シール

1 □に あてはまる じを かきましょう。（一つ2てん）

① しんぶんには いろいろな きじや こ□こくが のって いますが、かんじが お□くて むずかしいです。

② しょ□がく いちねんせ□に なってから、さんすうを まいにち べんきょ□して います。

③ ゆうれ□や よ□かいが でて くる おはなしを ききました。こわくて、おなかの ちょ□しが わるく なりました。

④ ほっかいど□では お□ゆきが ふります。みずうみに くる はくちょ□は、とても きれ□だそう です。

⑤ すいよ□びに、かわいい こ□ろぎや ぞ□がしゅじんこ□の え□がを みました。

2 まちがって いる じに × を つけて、よこに ただしく かきなおしましょう。（一もん4てん）

① にちよおびには、こおえんに あそびに いきます。

② おとうさんと おふろに はいって、とう かぞえてから あがりました。

③ がいこくに りょこおに いって、やまの ちょおじょお まで のぼりました。

④ きょお さかなつりに いって、かれえを さんびき つりました。

19 最上級レベル 3

じかん 15ふん
ごうかく 40てん
とくてん　　50てん
シール
べんきょうした日（　月　日）

1 ちいさく なる じに ○を つけましょう。（一もん4てん）

① いきなり わっと おどかされたので、はっと して しまいました。

② おかあさんが やつきよくに いくと いうので、いつしよに ついて いきました。

③ しようがく いちねんせいに なつたのだから、ちやんと べんきようしたいです。

④ おばあちやんが おもちを ふつくらと やいて くれたので、おなか いつぱい たべました。

⑤ ひやつかてんに でかけて、じようぎや もんだいしゆうを かつて もらいました。かえりには ちゆうしよくを たべました。

2 □に「あ」「い」「う」「え」「お」の どれかを かきましょう。（一つ2てん）

① れ□ぞ□この なかには、ぶど□あじの かき ご□りが あります。

② きょ□は とても さむく、と□くに みえる ふじさんも しろい ゆきで お□われて います。

③ おに□さんは けんどしせ□を ならって いるので、しせ□が いいです。わたしも みならって せ□ざを するのですが、すぐに あしが いたく なります。

④ ちょ□ちんと ろ□そくを もって、おじ□ちゃんの おはかまいりに いきました。くさの かげから こ□ろぎが でて きました。

べんきょうした日（　月　日）

じかん	15ふん
ごうかく	40てん
とくてん	/50てん

シール

1 ただしい ものに ○を かきましょう。（一つ5てん）

①
（　）おうさまの おおきい とけい
（　）おおさまの おうきい とけえ
（　）おうさまの おうきい とけい

②
（　）まっかな ほおの おとうと
（　）まつかな ほうの おとおと
（　）まっかな ほおの おとおと

③
（　）ろおかの とけい
（　）ろうかの とけい
（　）ろうかの とけえ

④
（　）こうりと さとおを いれた ぎゅうにゅう
（　）こおりと さとうを いれた ぎゅうにゅう
（　）こおりと さとうを いれた ぎゆうにゅう

2 □に ちいさく かく じを かきましょう。（一つ2てん）

① つぎは、ごがつ にじ□うよ□かの し□うごに あいまし□う。

② じ□んけんに か□たら、き□うり□うの おもち□を あげます。

3 まちがって いる じに × を つけて、よこに ただしく かきなおしましょう。（一もん6てん）

① こうえんへ いく みちが こおじを して いました。ほそく なつた みちを、くろおして とうりました。

② おうあめで いえが てえでんして しまいました。さむかったので、あつい もおふを かけて ねました。

標準レベル

21 「わ」と「は」の つかいかた

べんきょうした日（　月　日）

じかん 15ふん　ごうかく 40てん　とくてん　／50てん　シール

1 「わ」か「は」を かきましょう。（一つ3てん）

① これ□ ほんです。

② おおきな か□。

③ □たしの いえ。

④ に□の きを みる。

⑤ おそろしい □に。

2 ただしい ほうに ○を かきましょう。（一つ2てん）

① おとう と{（　）わ・（　）は}、おおごえで {（　）わ・（　）は}らう。

② わたし{（　）は・（　）わ} きょう、{（　）は・（　）わ}たがしを かいました。

3 まちがって いる じを ○で かこんで、ただしく かきなおしましょう。（一つ3てん）

① こんにちわ。 □

② ゆびはを はめる。 □

③ ははわ やさしい。 □

④ せっけんの あは。 □

⑤ そらにわ ほしが でて いる。 □

4 「わ」か「は」を かきましょう。（一つ3てん）

① きょう□、とても よい てんきです。たんぽぽの □たぼうしが たくさん とんで いました。

② しんごうが か□ったので、わたし□ みちを わたりました。

上級 レベル 22

「わ」と「は」の つかいかた

べんきょうした日（　月　日）

じかん	15ふん
ごうかく	40てん
とくてん	/50てん

シール

1 えを みて、「わ」か「は」を かきましょう。（一もん4てん）

① 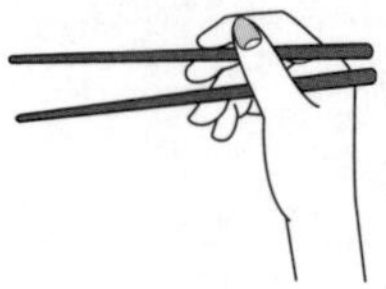
□し□ ただしく もちましょう。

② 
□いいろの か□いい こねこ。

③ 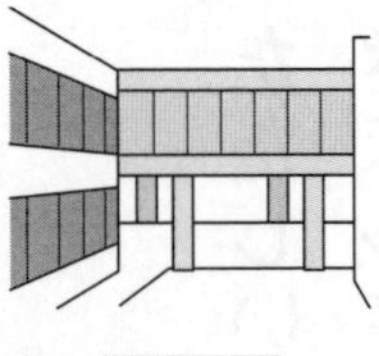
がっこうに□ □たりろうかが あります。

④ 
か□らに□ たくさんの くさばなが あります。

⑤ 
だいこんの □を とって、よく あらいます。

2 まちがった じが ある ものには ×を、ない ものには ○を かきましょう。（一つ5てん）

① にいさんは はが とても じょうぶです。 □

② てんきよほうでわ あめでしたが、はれました。 □

3 まちがって いる ことばを なおして かきましょう。（一もん5てん）

① はらっぱにわ くはがたが います。
（　　　）

② みかんの やはらかい かはを むきましょう。
（　　　）

③ なつに なると、わたしわ うきはで およぎます。ねえさんわ わたしより はやく およげます。
（　　　）

④ はだしでわ あるけないので、むかしの ひとわ わらで わらじを あんで はきました。
（　　　）

標準レベル

23 「お」と「を」の つかいかた

1 20 40 60 80 100 120（回）

べんきょうした日（　月　日）

じかん	ごうかく	とくてん
15ふん	40てん	50てん

シール

1 「お」か「を」を かきましょう。（一つ3てん）

① ほん□ よみます。

② □とうとの へや。

③ □にごっこを して あそびます。

④ かさ□ ひらきます。

⑤ □ちゃを のみましょう。

2 ただしい ほうに ○を かきましょう。（一つ2てん）

① おおど{（　）を／（　）お}りを と{（　）を／（　）お}る。

② かきご{（　）お／（　）を}りに いちご{（　）お／（　）を} のせる。

3 まちがって いる じを ○で かこんで、ただしく かきなおしましょう。（一つ3てん）

① をはようございます。□

② おどりお ならう。□

③ おいしい をにぎり。□

④ むしお つかまえる。□

⑤ をんがくの じかん。□

4 「お」か「を」を かきましょう。（一つ3てん）

① わたしは、おんどく□ するのが とくいです。まいにち ほん□ よんで いるからです。

② まいあさ おきて、か□を よく あらいます。その あと ようふく□ きます。

「お」と「を」の つかいかた

じかん	ごうかく	とくてん
15ふん	40てん	50てん

べんきょうした日（　月　日）

シール

1 えを みて、「お」か 「を」を かきましょう。（一つ2てん）

① 
と□くで お□かみが なく。

② 
ごはん□に ぎって、し□を かけました。

③ 
□ともだちに てがみ□かき ました。

④ 
お□ごえを だして、おにごっこ□しました。

⑤ 
□んがくに あわせて、ひとりで□どる。

2 まちがった じが ある ものには ×を、ない ものには ○を かきましょう。（一つ5てん）

① おふろを わかして をとうとと はいります。□

② おとなりには おおきな いぬが います。□

3 まちがって いる ことばを なおして かきましょう。（一もん5てん）

① あさがをお まいにち かんさつします。（　　）

② をいしい をやつお たべましょう。（　　）

③ をとうさんが つりに いって、をさかなお とって きました。ぎんいろの からだお して います。（　　）

④ おをきな ふうせんお ふくらませて、をうちの ひとと あそびました。とても とをく まで とびました。（　　）

標準レベル

25 「え」と「へ」の つかいかた

べんきょうした日〔　月　日〕

じかん	15ふん
ごうかく	40てん
とくてん	/50てん

シール

1 「え」か「へ」を かきましょう。（一つ3てん）

① □ほんが すきです。

② やま□ いきましょう。

③ □やを そうじします。

④ □いがを みましょう。

⑤ えき□ いきました。

2 ——の じを ただしく かきなおしましょう。（一つ2てん）

① とおくえ（　） いっては いけません。

② かへり（　）に のはらえ（　） よりましょう。

③ ゆうへ（　）んちの ようすを へ（　）んぴつで かきました。

3 まちがって いる じを ○で かこんで、ただしく かきなおしましょう。（一つ3てん）

① こうえんえ いきます。 □

② ねへさんの かばん。 □

③ かへるの なきごえ。 □

④ どこえ いくの。 □

⑤ くらくて みへません。 □

4 「え」か「へ」を かきましょう。（一つ2てん）

① いえの ま□の みちに めんした たんぼでは、たう□が はじまりました。

② ねこが どこか□ いって しまいました。さがして いたら、へいの う□に しっぽが みえて、こちら□ おいでと いって いるようでした。

上級 レベル 26

「え」と「へ」の つかいかた

べんきょうした日〔　月　日〕

じかん	15ふん
ごうかく	40てん
とくてん	50てん

シール

1 えを みて、「え」か「へ」を かきましょう。（一つ2てん）

① 

□がおが　すてきな　おね□さん。

② 

がっこう□　□ちまを　もって　いきます。

③ 

か□りの　むか□を　まって　います。

④ 

こ□を　そろ□て　うたいましょう。

⑤ 

そら□　むかって　ふ□を　ふきました。

2 まちがった　じが　ある　ものには　×を、ない　ものには　○を　かきましょう。（一つ5てん）

① おみせへ　いき、いろえんぴつを　かいました。 □

② かいた　えを、きの　えだで　ささへて　かざりましょう。 □

3 まちがって　いる　ことばを　なおして　かきましょう。（一もん5てん）

① せんせいに　あいさつを　して、かへりました。

（　　　　）

② たのしい　ことばを　かんがへて、みんなで　かみに　かきました。

（　　　　）

③ おとうさんえ　おくる　てがみを　かいて、はこの　なかえ　しまって　おきました。

（　　　　）

④ ごがつの　すへに　なって、あたたかく　なり、かへるが　およぐのを　みました。

（　　　　）

標準レベル 27 「は」「を」「へ」の つかいかた

べんきょうした日〔　月　日〕

じかん 15ぷん
ごうかく 40てん
とくてん　　/50てん
シール

1 「は」か「を」か「へ」を かきましょう。（一つ2てん）

① あした□おやすみです。

② ごはん□たべましょう。

③ うみ□いきました。

④ おんがく□ききます。

⑤ いえ□かえります。

2 ——の じを ただしく かきなおしましょう。（一つ4てん）

① わたしわ（　　）しょうがくせいです。

② ほんお（　　）よみましょう。

③ えきえ（　　）いく つもりです。

④ ははは、いまわ（　　）いえに おりません。

3 ただしい ものを ○で かこみましょう。（一つ3てん）

① おとうさん{は・を・へ} いそがしそうです。

② がっこう{え・を・へ} はなを とどけます。

③ えいが{は・を・へ} みて たのしみました。

④ ここで{は・わ} おおきな こえ{を・お} だしては いけません。

⑤ うちの ねこ{は・わ} さむいの{お・を} きらいます。さむいと わたしの ひざの うえ{え・へ} のろうと します。

「は」「を」「へ」の つかいかた

べんきょうした日（ 月 日）

じかん 15ふん
ごうかく 40てん
とくてん /50てん
シール

1 えを みて、「は」か 「を」か「へ」を かきましょう。（一もん5てん）

① 
あに □ さかな □ つるのが すきです。

② 
きょう □ がっこう □ いきません。

③ 
こうえん □ むかうに □ くるまが いります。

④ 
は □ みがくの □ たいせつな ことです。

⑤ 
この かわ □ うみ □ と ながれて いきます。

2 まちがって いる じに × を つけましょう。（一もん5てん）

① がっこうえ いくにわ この みちを とおります。

② あねは えお みるのが すきで、よく びじゅつかんえ いきます。

3 まちがって いる ことばを なおして かきましょう。（一もん5てん）

① あすわ わたしの たんじょうびなので、ともだちお いええ まねきました。

（　　　　）

② がっこうえ いって、ともだちの はなしお きくのわ たのしいです。

（　　　　）

③ うみの なかえ はいって いくのわ こわいので、わたしわ おかあさんの となりえ いって、はなれません。

（　　　　）

29 最上級レベル 5

べんきょうした日（　月　日）

じかん 15ふん

ごうかく 40てん

とくてん　　／50てん

シール

1 ただしい ものに ○を かきましょう。（一つ5てん）

①
（　）きょうわ　おとうとと　かいものへ　いきます。
（　）きょうは　おとうとと　かいものへ　いきます。
（　）きょうは　おとうとと　かいものえ　いきます。

②
（　）おふろを　わかすのは　わたしの　しごとです。
（　）おふろお　わかすのは　わたしの　しごとです。
（　）おふろを　わかすのわ　わたしの　しごとです。

③
（　）あねと　をりがみを　おって　あそびました。
（　）あねと　おりがみを　おって　あそびました。
（　）あねと　おりがみを　をって　あそびました。

④
（　）まえへ　でて　こたへ　を　かきなさい。
（　）まええ　でて　こたえ　を　かきなさい。
（　）まえへ　でて　こたえ　を　かきなさい。

2 「は」か「を」か「へ」を かきましょう。（一つ2てん）

① せんせい□　あてた　てがみ□　かきました。

② あぶない　ところ□は、いって□　いけません。

③ ほん□　よく　よむの□、あにで□　なく、わたしです。

④ あす□　たのしい　えんそくです。おべんとう□　もって、おか□と　むかいます。

3 まちがって いる じを ○で かこんで、ただしく かきなおしましょう。（一つ2てん）

① かはいい　あひる。

② いきお　とどのえる。

③ あねわ　はやおきです。

④ いえへ　かへります。

⑤ おをきな　いぬ。

□□□□□

べんきょうした日（　月　日）

じかん	15ふん
ごうかく	40てん
とくてん	50てん

シール

1

「わ」「は」「お」「を」「え」「へ」の どれかを かきましょう。（一つ2てん）

① おとうとの うんどうかいに いきました。おとうと□ けんめいに はしって いました。わたし□ お□きな こえで おとうと□ おうえんしました。

② さちこさんの いえ□ わたしちかくに あるので、わたし□ よく あそびに いきます。かえりに □ ようこさんの いえにも よって、□ しゃべりを して かえります。

2

おなじ いみに なるように かきかえましょう。（14てん）

おとうとは よく ねぼうを します。

↓ よく

（　　　）

3

「わ」「は」「お」「を」「え」「へ」の どれかが まちがって いるので、なおします。「わ」「は」「お」「を」「え」「へ」の うち、つかわなかった ものを すべて かきましょう。（一もん10てん）

① ははわ ちいさい ころ しゅうじお ならって いたそうです。をかあさんから どうぐを かって もらって、ちかくの せんせいの いええ いったそうです。

（　　　）

② きれいな おはなが たくさん さいて いるので、わたし わ よく おがわえ いきます。この まえ いった ときには、かはいい とりたちが あつまって いて、をどろきました。とりたちも おはなに かこまれて、とても しあわせそうでした。

（　　　）

標準 レベル

31 まると てん (1)

べんきょうした日〔　月　日〕

じかん 15ふん
ごうかく 40てん
とくてん　　　／50てん
シール

1 「、」や「。」の つけかたが ただしい ものには ○を、まちがって いる ものには ×を かきましょう。（一つ3てん）

① （　）あめが つよく ふって います、

② （　）ここは。あたらしい こうえんです。

③ （　）きょうは、とても いそがしい ひです。

④ （　）ぎゅうにゅうを、のんでから でかけました。

2 「、」を ひとつずつ つけましょう。（一つ4てん）

① くじけそうでしたが さいごまで がんばりました。

② とても さむかったので だんぼうを つけました。

③ うみに いる くじらは さかなの なかまでは ありません。

④ おちゃを のみますか それとも ごはんを たべますか。

3 つぎの ぶんしょうに「。」を みっつ つけましょう。（6てん）

ある もりに ちいさな おんなのこが すんで いました おんなのこは にんぎょうが すきなので、たくさん あつめて いました おんなのこは おきにいりの にんぎょうと いつも いっしょに ねむりました

4 「、」か「。」の どちらかを ひとつずつ つけましょう。（一つ4てん）

① なつに なったら あさがおを うえます。

② となりで かって いる いぬは、よく ほえます

③ とおりの むこうには ぶんぼうぐやさんが あります。

④ えんがわは あたたかいので ねこが だいすきな ばしょです。

上級レベル 32 まると てん（1）

べんきょうした日（　月　日）

じかん 15ふん　ごうかく 40てん　とくてん　／50てん　シール

1 「、」の つけかたが まちがって いる ものに ×を かきましょう。（10てん）

① （　）あめが なんにちも つづくと、しだいに きもちが しずんで、きます。

② （　）そこに、おいたよと かあさんが、いうけれど、どこにも、みあたりません。

③ （　）ともだちが さきに かえろうと して いたので、あわてて あとを おいかけました。

④ （　）わたしの まちは すむ ひとが ふえつづけて いて とても、にぎやかです。

2 「、」を ひとつ つけましょう。（10てん）

さむいので つららが なんぼんも ぶらさがって あさひが あたる ときには きらきらと かがやいて います。

3 「、」を みっつ つけましょう。（10てん）

かぞくで おんせんに いきましたが わたしは なんかいも おんせんに はいると きぶんが わるく なるので へやに いました。よる おそく なって いっかいだけ おんせんに はいりました。

4 ひつような ところに 「、」や 「。」を つけましょう。（20てん）

いえの（　）かだんには めずらしい はなが あります（　）おとうさんも おかあさんも はなが（　）だいすきなので（　）よく かって きます。

しんせきの おじさんは はなを（　）そだてるのが とくいで（　）うちに きては おとうさんと はなして います（　）

わたしも いつか じぶんの いえに かだんを（　）つくって たのしみたいと おもいます（　）

まると てん (2)

べんきょうした日（　月　日）

じかん	15ふん
ごうかく	40てん
とくてん	50てん

シール

1 「、」と「。」を ひとつずつ つけましょう。（一もん4てん）

① なんて きれいな のだろう この おとは

② なかよく あそぼうね あす も また

③ そらが くらすぎて どこに も みえないね あの あかる い ほしは

2 「、」と「。」を ふたつずつ つけましょう。（一もん7てん）

① きつねは やまの おくに すんで いて いぬに よく にて います けれど ひとに なつく ことは あまり あり ません

② ともだちと あそびに いこ うと すると くらく なる まえに かえって いらっしゃ いと おかあさんが いつも いいます くらく なる ころ に かかる まちの ほうそう を きいて わたしは いえに かえります

3 つぎの いみを あらわすように、「、」を ひとつずつ つけましょう。（一つ6てん）

① おこって いたのが 「ぼく」で あるように。

ぼくは おこりながら はしる おとうとを お いかけました。

② おこって いたのが おと うとで あるように。

ぼくは おこりながら はしる おとうとを お いかけました。

③ にいさんが ぎゅうにゅう を のこしたように。

にいさんが のこした ぎゅうにゅうを ぜんぶ のみました。

④ にいさんが ぎゅうにゅう を のんだように。

にいさんが のこした ぎゅうにゅうを ぜんぶ のみました。

まるとてん (2)

べんきょうした日〔 月 日〕

じかん 15ふん

ごうかく 40てん

とくてん ／50てん

シール

1 まちがって いる 「、」 ふたつに ×を つけましょう。また、ひつような ところに 「、」を ふたつずつ くわえましょう。（一もん10てん）

① そらが くらく なったと おもったら かみなりが、なりだして、はげしい あめが ふりだしました。わたしは のきさきに、かくれて あめが やむのを しばらく まちました。

② おまつりが、ちかいので ゆかたを つくって もらいました。わたしは ゆかたを きた ことが なかったので どう やって きるのか、わかりませんでした。おばあちゃんが しんぱいして くれて、やさしく おしえて、くれました。

2 まちがって いる 「、」 ふたつに ×を つけましょう。（10てん）

ねこは、いろが、みえない そうです。よる かつどうする、どうぶつは、みな みえない そうです。

3 つぎの いみを あらわすように、「、」を ひとつずつ つけましょう。（一つ6てん）

① おとうさんが、たのしそうに わらって いるように。

おとうさんは たのしそうに わらいながら おどる あねに はなしかけます。

② あねが、たのしそうに わらって いるように。

おとうさんは たのしそうに わらいながら おどる あねに はなしかけます。

4 「、」を よっつ くわえましょう。（8てん）

ちょっと なまいきだけれど いつも げんきな いもうとは よく ぼくの へやに やって きては ぼくが もって いる ほんを かりて いきます。いもうとの がっきゅうでは よんだ ほんの かずを きそって いる そうです。

標準レベル 35 「」の つかいかた

べんきょうした日〔　　月　　日〕

じかん	15ふん
ごうかく	40てん
とくてん	/50てん

シール

1 「」を ひとつずつ つけましょう。（一もん5てん）

① ともだちに さようなら。と いいました。

② せんせいに あったので、おはようございます。と いいました。

③ かさを わすれて こまって いたら、ともだちが わたしのを かして あげるよ。と いって くれました。

2 「」を ふたつ つけましょう。（8てん）

おにいさんは どうぶつに くわしいので、わたしは よく しらない どうぶつの ことを たずねます。

これは、なに。と たずねると、それはね、さるの なかまだよ。と、やさしく おしえて くれます。

わたしも、どうぶつに ついて くわしく なりたいです。

3 「」の つけかたが まちがって いる ものに ×を かきましょう。（20てん）

① おとうさんが 「きょうは さむいね。」と、いいました。（　　）

② となりの おじいちゃんが、「おはよう」。と いって くれました。（　　）

③ おかあさんが よぶので、いま 「すぐ、いきます。」と こたえました。（　　）

④ 「いま なんじかな。」と たずねたら、「ごじよ。」と おかあさんが いいました。（　　）

4 つけかたが まちがって いる 「」に ×を つけましょう。（7てん）

えんぴつを かいに いって、「いくらですか。」と たずねたら、おねえさんが 「ひゃくえんです。」と ほほえんで くれました。わたしは 「おかねを はらって」 かえりました。

上級レベル 36

「　」の つかいかた

じかん 15ふん
ごうかく 40てん
とくてん
50てん
べんきょうした日（　月　日）

1 ひとが はなして いる ことばに 「　」を つけましょう。（20てん）

おともだちと きょうしつで おはなしを して いました。こんどの なつやすみは どこかへ いくの。と わたしが たずねると、おともだちは おばあちゃんの いえへ いくよ。と こたえました。だれと いっしょに いくの。と わたしが きくと、おかあさんと おにいちゃんとだよ。と おしえて くれました。

2 「わたし」が こころの なかで おもって いる ことばに 「　」を つけましょう。（20てん）

おとなに なったら どうなるだろうか。と かんがえました。きっと おおぜいの なかまに かこまれて いっしょうけんめい はたらいて、いつかは おとうさんと おかあさんみたいに かぞくを つくるのだな。と おもいました。

3 「　」を つけて、ますに ただしく かきましょう。（10てん）

おなかが すいたよ。と、かあさんに いったら、おやつを どうぞ。と いわれて、おまんじゅうを もらいました。おいしく いただきました。

標準 レベル

37 かたかな (1)

1 20 40 60 80 100 120（回）

べんきょうした日（　月　日）

じかん	15ふん
ごうかく	40てん
とくてん	50てん

シール

1 かたかなで かきましょう。（一つ3てん）

① ふらんす（　　）

② あいろん（　　）

③ まらそん（　　）

④ ねくたい（　　）

⑤ れすとらん（　　）

2 えを みて、かたかなで なまえを かきましょう。（一つ3てん）

① （　　）

② 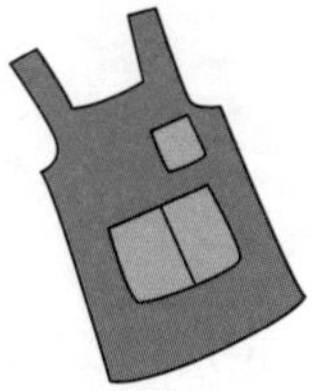（　　）

③ （　　）

④ （　　）

⑤ （　　）

3 つぎの ぶんの なかで、まちがって いる じに ×を つけ、よこに ただしく かきなおしましょう。（一もん4てん）

① ク⅃ヨンで ぬりえに いろを ぬりました。

② きのう おばあちゃんと モノレエルに のりました。

③ うんどうかいでは、ナガホンで おうえんしました。

④ オオトバイが はしって いくのを みました。

⑤ あついので、ンフトクリイムを かって たべよう。

かたかな（1）

べんきょうした日（　月　日）

じかん	15ふん
ごうかく	40てん
とくてん	50てん

シール

1 かたかなで　かきましょう。（一つ3てん）

①　ろぼっと（　　）

②　きゃっぷ（　　）

③　ころっけ（　　）

④　くっきい（　　）

⑤　りゅっくさっく（　　）

2 かたかなで　かく　ことばが　ふたつずつ　あります。よこに　せんを　ひき、なおしましょう。（一つ2てん）

①　てえぶるの　うえには　ふるうつが　ありました。

（　　）（　　）

②　ぶるどおざあの　えんじんの　おと。

（　　）（　　）

③　ままが　ぷりんを　つくって　くれました。

（　　）（　　）

④　かれんだあには　ぱんだの　えが　かいて　あります。

（　　）（　　）

⑤　しいそおに　のりながら、あいすくりいむを　たべました。

（　　）（　　）

3 つぎの　えの　なかから、かたかなで　かく　ものを　みつけて、あるだけ　かきましょう。（15てん）

標準レベル 39

かたかな (2)

1 かたかなで　かきましょう。（一つ4てん）

① ばすけっとぼおる（　　）

② おおすとらりあ（　　）

③ じゃんぐるじむ（　　）

2 あてはまる　ことばを　えらんで、かきましょう。（一つ5てん）

① かぜを　ひいて、（　　）と、せきを　しました。

② かみなりが（　　）と　なりました。

③（　　）と　おとが　して、あめが　ふりだしました。

④（　　）と　ベルを　ならして、じてんしゃが　とおりました。

ゴロゴロ　パラパラ
リンリン　ブンブン
ゴホゴホ　トントン

3 かたかなで　かく　ことばを　すべて　さがして、かたかなで　かきましょう。（一もん3てん）

① すきっぷしながら、ちゅうりっぷの　はなばたけを　あるきました。（　　）

② ぶろっこりいが　たくさん　はいった　おむらいすが　わたしは　すきです。（　　）

③ おとうさんは　あさ、てれびで　にゅうすを　みます。（　　）

④ さいごの　ばったあが　ほおむらんを　うちました。（　　）

⑤ ないふと　ふぉおくを　つかって　たべましょう。（　　）

⑥ おねえさんは　ぴあのと　ぎたあが　ひけます。（　　）

べんきょうした日（　月　日）
じかん 15ふん
ごうかく 40てん
とくてん
シール
50てん

かたかな (2)

じかん	15ふん
ごうかく	40てん
とくてん	／50てん

シール

1 かたかなで かく ものには ○を、かかない ものには ×を かきましょう。（一つ3てん）

①（　）キャベツ
②（　）ブレーキ
③（　）ハシラドケイ
④（　）デンシャ
⑤（　）ジョウロ
⑥（　）ハンバーグ

2 つぎの ことばに つづけて、かたかなの しりとりを しましょう。（一つ4てん）

① ボート→（　　　）
② ハンカチ→（　　　）
③ サーカス→（　　　）
④ イタリア→（　　　）
⑤ ブラシ→（　　　）

3 つぎの ぶんしょうを よんで、あとの といに こたえましょう。

あすは えんそくです。こうじくんは ぱじゃまに きがえて、いつもより はやく べっどに はいりました。

でも、えんそくの ことを かんがえると なかなか ねむれません。

そこで、ひつじの かずを かぞえて みました。すると、こんどは ぐっすり ねむれました。

あさ、□ と いう ことりたちの さえずる こえで めが さめました。

① かたかなで かく ことばを ふたつ さがして かたかなで かきましょう。（一つ4てん）

（　　　）（　　　）

② □に はいる かたかなの ことばを あとから えらんで、きごうで こたえましょう。（4てん）

ア ピューピュー
イ チュンチュン
ウ ドンドン
エ クンクン

（　　）

標準 レベル

41 まとめて いう ことば

1 20 40 60 80 100 120（回）

べんきょうした日〔　月　日〕

じかん 15ふん

ごうかく 40てん

とくてん　　　　50てん

シール

1 なかまに ならない ものに ○を かきましょう。（一つ5てん）

① ぶんぼうぐ

（　）えんぴつ

（　）けしごむ

（　）ぼうし

（　）じょうぎ

② やさい

（　）きゅうり

（　）さかな

（　）だいこん

（　）とまと

2 まとめて いう ことばを えらんで、○で かこみましょう。（一つ5てん）

① しんかんせん　ひこうき　のりもの　きゃくせん

② しょっき　ちゃわん　さら　ゆのみ

3 まとめて いう ことばを あとから えらんで、きごうで こたえましょう。（一つ5てん）

① ズボン　くつした　スカート　シャツ　（　）

② トマトジュース　ぎゅうにゅう　こうちゃ　コーヒー　（　）

③ さくら　すみれ　たんぽぽ　ゆり　（　）

④ まつ　かえで　ひのき　すぎ　（　）

ア はな　イ むし　ウ き　エ いふく　オ のみもの

4 まとめて いう ことばに あてはまる ものを、みっつずつ かきましょう。（一もん5てん）

① あそび

（　）

（　）

② しょくぎょう

（　）

（　）

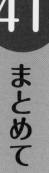

まとめて　いう　ことば

べんきょうした日（　月　日）
じかん 15ふん
ごうかく 40てん
とくてん　　50てん
シール

1 まとめて　いう　ことばを　あとから　えらんで、きごうで　こたえましょう。（一つ8てん）

① りか　こくご　さんすう　しゃかい（　　）
② え　ちょうこく　しゃしん　えいが（　　）
③ すいえい　すもう　やきゅう　たっきゅう（　　）

ア うんどう　イ おんがく
ウ げいじゅつ　エ しぜん
オ うちゅう　カ かもく

2 まとめて　いう　ことばを　かきましょう。（一つ5てん）

① おこめ　そば　うどん　おもち　だんご　にく（　　）
② はれ　くもり　あめ　ゆき　しぐれ　みぞれ（　　）

3 つぎの　なかから　まとめて　いう　ことばでは　ない　ものを　ひとつずつ　えらんで、○で　かこみましょう。（一つ4てん）

① しょくぶつ・いろ　きつね・のりもの
② あそび・さかな　やさい・ばら
③ したじき・ぶんか　たてもの・しぜん
④ ぶんぼうぐ・くだもの　うでどけい・むし

43 最上級レベル 7

じかん 15ふん　ごうかく 40てん　とくてん　シール　50てん

べんきょうした日（　月　日）

1 「、」と「。」を ふたつずつ つけましょう。（一もん10てん）

① みんなで でんしゃに のって すいぞくかんへ いきました めずらしい さかなが たくさん およいで いて とても おどろきました

② おとうさんは ふだんは いそがしいのですが おやすみの ひには わたしたちと あそんで くれます せんしゅうは くらく なった ころを みはからって にわで はなびを たのしみました

2 つぎの いみを あらわすように、「、」を ひとつずつ つけましょう。（一つ10てん）

① たって いる こが たいようの ひかりを あびて いるように。

たいようの ひかりを あびながら たって いる こを みて いた。

② みて いる ひとが たいようの ひかりを あびて いるように。

たいようの ひかりを あびながら たって いる こを みて いた。

3 つぎの ぶんしょうに、「 」を ふたつ つけましょう。（10てん）

わたしの おじさんの いえでは にわとりを たくさん かって います。わたしは ときどき にわとりを みせて もらいに いきます。

わたしが、

こっちへ おいでえ。

と いうと、にわとりたちは コケッ、コケッ、と ないて、にげて いって しまいます。

おじさんは、

なつくまでには じかんが かかるんだよ。

と いって、わらいました。

44 最上級レベル 8

べんきょうした日〔　月　日〕

じかん	15ふん
ごうかく	40てん
とくてん	／50てん

シール

1 かたかなで かく ことばを ふたつずつ えらんで、かたかなに なおしましょう。（一つ2てん）

① みずうみに ぼおとを うかべながら、じゅうすを のみました。
（　　　）（　　　）

② しあいが おわる ころに ちゃんすが きたので、ごおるを きめました。
（　　　）（　　　）

③ ねえさんが あんで くれた せえたあは、あたたかくて、すとおぶが いりません。
（　　　）（　　　）

④ みんなで しょくじに いって、すぱげってぃと さらだを たべました。
（　　　）（　　　）

⑤ さいしんしきの びるには、とても はやい えれべえたあが ついて いるそうです。
（　　　）（　　　）

2 まとめて いう ことばを あとから えらんで、きごうで こたえましょう。（一つ3てん）

① はれ　あめ　ゆき　くもり（　　）

② せんべい　ビスケット　あられ　おかき（　　）

③ きゅうり　トマト　はくさい　だいこん（　　）

④ ばった　かまきり　ちょう　あり（　　）

ア おかし　イ てんき
ウ くだもの　エ むし
オ のみもの　カ やさい

3 つぎの ことばで まとめられる ものの なまえを、かたかなで みっつずつ かきましょう。（一つ3てん）

① のりもの
（　　　）（　　　）（　　　）

② がっき
（　　　）（　　　）（　　　）

標準レベル 45 うごきを あらわす ことば (1)

べんきょうした日 (　月　日)

じかん 15ふん
ごうかく 40てん
とくてん 　／50てん
シール

1 うごきを あらわす ことばを えらんで かきましょう。(7てん)

たべる　てがみ　たつ
かたつむり　そうじ
うんどう　はこぶ　どきどき

(　　　　　　　　)

2 つぎに あう、うごきを あらわす ことばを ふたつ かきましょう。(一つ4てん)

「なげる」のように、「…る」で おわる ことば。

(　　　　)(　　　　)

3 あてはまる ことばを えらんで、かきましょう。(一つ3てん)

① せんせいの ことばを (　　　　)。

② ともだちと がっこうへ (　　　　)。

③ ほうきで にわを (　　　　)。

④ こくごの もんだいを (　　　　)。

⑤ たきびで いもを (　　　　)。

とく　きく　はく
いく　やく

4 えを みて あてはまる ことばを かきましょう。(一つ4てん)

①

うたを □□□。

②

かんじを □□。

③

ほんを □□。

④

かおを □□□。

⑤

はを □□□。

うごきを あらわす ことば (1)

べんきょうした日 [　月　日]

じかん	15ふん
ごうかく	40てん
とくてん	/50てん

シール

1 えを みて あてはまる ことばを かきましょう。(一つ2てん)

① 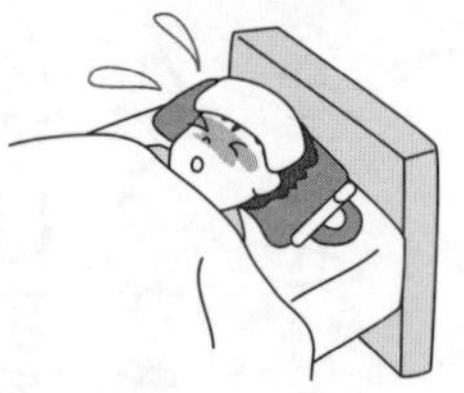

かぜを（　　）たので、ねつが（　　）ました。

② 

みずぎに（　　）て、うみで（　　）だ。

③ 

あさ はやく（　　）て さんぽを（　　）ます。

④ 

おちゃを（　　）ながら ごはんを（　　）ます。

2 ことばの つかいかたの ただしい ほうを まるで かこみましょう。(一つ3てん)

① あさがおを {そだつ／そだてる}。

② とうばんを {きまる／きめる}。

3 ことばを えらんで、ぶんに あうように かきましょう。(一つ4てん)

① きれいな はなを（　　）ましょう。

② ほんを ながい ひもで（　　）ました。

③ ひろい おおどおりを（　　）た。

④ たかい ところから（　　）ないように。

とおる	かざる
おちる	しばる

4 はじめの ことばに つづけて、あてはまる ことばを かきましょう。(一つ4てん)

おふろばでは こえが よく（ひ　　）ので、いつも おおごえを（だ　　）て、かぞくの みんなに（わ　　）れて います。

標準 レベル 47

うごきを あらわす ことば (2)

べんきょうした日（　月　日）

じかん 15ふん
ごうかく 40てん
とくてん　　50てん
シール

1 ――の ことばを、めいれい する いいかたに かえましょう。（一つ4てん）

① とを あける。（　　　）
② はを みがく。（　　　）
③ ほんを たなに しまう。（　　　）
④ くつの ひもを むすぶ。（　　　）
⑤ べんきょうを する。（　　　）

2 （れい）に ならって あてはまる ことばを かきましょう。（一つ2てん）

（れい）とぶ ―― （とばす）
① おちる ―（　　　）
② あがる ―（　　　）
③ でる ―（　　　）
④ はいる ―（　　　）
⑤ ふえる ―（　　　）
⑥ へる ―（　　　）

3 「る」で おわる ことばを ただしい かたちに かえて あてはめましょう。（一つ3てん）

①

いえに □□□う と すると、ともだちが □□□て くるのが みえました。

②

てを □□て、おうだんほどうを ちゅういして □□□ました。

③

□□□た みずたまりの うえを あるいた とき、□□□て しまいました。

上級 レベル

48 うごきを あらわす ことば (2)

べんきょうした日〔　月　日〕

じかん 15ふん

ごうかく 40てん

とくてん　　／50てん

シール

1 (れい)に ならって かきかえましょう。(一つ5てん)

(れい) いしを なげる。
↓ いしが (なげられる)。

① かべに えを かける。
↓ えが かべに (　　　　)。

② なかの いい ともだちを ほめる。
↓ なかの いい ともだちが (　　　　)。

2 (　)の いみを あらわす ことばを かきましょう。(一つ5てん)

① わらう とき、くちを てで [お][　][　]。(かぶせる)

② かだんの きれいな はなに [み][　][　][　]。(うっとりして みつづける)

③ かおから ながれる あせを [ぬ][　][　]。(ふきとる)

④ おおきな マントを みに [ま][　][　]。(きる・みに つける)

3 おなじ いみに なるように、(　)に あてはまる ことばを かきましょう。(一つ4てん)

① かあさんが ごはんを つくって いたので、わたしも いっしょに つくりました。おいしい ごはんが できました。

↓ わたしは、かあさんが ごはんの よういを (　　　　)て いるのに きづきました。それで、かあさんを (　　　　)ました。おいしい ごはんを (　　　　) ことが できました。

② きれいな ほしが そらに ありました。わたしは こころの なかで いのりました。

↓ そらには きれいな ほしが (　　　　)ました。わたしは、こころの なかで ねがいごとを (　　　　)ました。

ようすを あらわす ことば (1)

1 ようすを あらわす ことばを すべて えらんで かきましょう。(10てん)

おはよう さむい でも
カナダ バナナ きゅうに
きいろい ぬれる にこりと
おこる リンリンと

（ ）

2 あてはまる ことばを えらんで かきましょう。(一つ3てん)

① はだが、ゆきのように（ ）。
② かれは ぞうのように からだが（ ）。
③ かのじょの かみは もえるように（ ）。
④ ゆびの たこが、いしのように（ ）。
⑤ この そうめんは、いとのように（ ）。

かたい ほそい あかい
しろい おおきい

3 うまく あうように ――で むすびましょう。(一つ2てん)

① ぷかぷか・ ・ひかる
② じろじろ・ ・すすむ
③ ぴかぴか・ ・みる
④ ぐらぐら・ ・うかぶ
⑤ そろそろ・ ・ゆれる

4 あてはまる ことばを あとから えらんで、きごうで こたえましょう。(一つ3てん)

① きょうの できごとは、（ ） わすれない。
② なつやすみの しゅくだいを（ ） おわらせた。
③ いたずらが ばれて、（ ） にげだす。
④ がっこうの グラウンドは（ ） ひろい。
⑤ ひがしの そらに つきが（ ） みえる。

ア こそこそと　イ とても
ウ けっして　エ やっと
オ くっきり

上級レベル 50

ようすを あらわす ことば (1)

べんきょうした日（　月　日）

じかん 15ふん　ごうかく 40てん　とくてん　／50てん

1 あてはまる ことばを あとから えらんで かきましょう。（一つ4てん）

① （　　　）ねむる。

② （　　　）のびる。

③ （　　　）かわす。

④ （　　　）くっつく。

⑤ （　　　）みがく。

すらりと	ぐっすり	ひらりと
べたべた	きれいに	

2 あてはまる ことばを えらんで かきましょう。（一つ3てん）

①

こまが（　　　）と まわる。

②

（　　　）と なみだを こぼす。

③
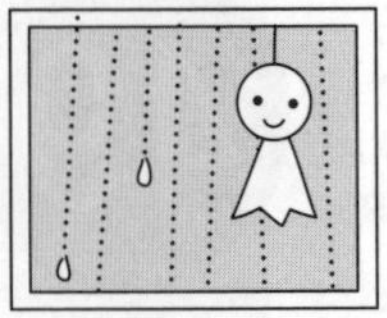
あさから あめが（　　　）と ふって いる。

④

よぞらに ほしが（　　　）と かがやく。

きらきら	ぽろぽろ
しとしと	くるくる

3 あてはまる ことばを あとから えらんで かきましょう。（一つ3てん）

① おとうとは、まだ（　　　）と あるく あかんぼうです。ベッドで（　　　）ねむって います。

② とびらが（　　　）と おとを たてて あき、おとこが（　　　）と なかに はいって きました。

③ （　　　）と すべって、（　　　）と しりもちを ついて しまいました。

ドシン	すやすや	ずかずか
よちよち	バタン	つるり

ようすを あらわす ことば (2)

べんきょうした日〔　月　日〕
じかん 15ふん
ごうかく 40てん
とくてん
シール
50てん

1 ――の ことばの いみを あとから えらんで、きごうで こたえましょう。（一つ3てん）

① すらすらと はなす。（　）
② おろおろと あるきまわる。（　）
③ めらめらと もえる。（　）
④ いそいそと みせる。（　）
⑤ はらはらと ちる。（　）

ア なめらかな ようす。
イ うれしい ようす。
ウ しずかに おちる ようす。
エ あわてる ようす。
オ はげしい ようす。

2 つぎの ことばの なかから なかまはずれの ものを ひとつ さがして、きごうに ○を つけましょう。（一つ3てん）

① 〔ア ただしく　イ つよく　ウ おもさ　エ ふかい〕
② 〔ア あかい　イ くろ　ウ あお　エ みどり〕
③ 〔ア のびる　イ たかい　ウ すすむ　エ よむ〕
④ 〔ア けれども　イ だから　ウ ところが　エ やっと〕
⑤ 〔ア すこし　イ とても　ウ たいへん　エ それ〕

3 えに あうように、□に おなじ じを いれましょう。（一もん5てん）

①

うんどうを したら、□ら□らと あせが ながれた。

②

ほんを よんで いて、つい□と□と した。

③

あんな めに あうのは もう こ□ご□だ。

④

おちつかなくて、そ□そ□して ばかり います。

上級 レベル 52

ようすを あらわす ことば (2)

べんきょうした日（　月　日）

じかん 15ふん
ごうかく 40てん
とくてん　　／50てん

1 あてはまる ことばを あとから えらびましょう。(一つ4てん)

① ひが（　　）てっていたのに、くもが（　　）わいて、あめが（　　）ふりだしたので、からだが（　　）ぬれて しまいました。

ザーザーと	もくもくと
ぐっしょりと	さんさんと

② （　　）だまされた ことに ついて（　　）なみだを ながしながら（　　）なやんで いたら、ねえさんが はげまして くれました。

うきうきと	うじうじと
ぽろぽろと	うかうかと

③ まいにち（　　）れんしゅうしたので、はっぴょうかいでは、（　　）いきました。せんせいから、「とても（　　）えんそうだったよ。」と ほめられた ことが、（　　）です。

ねっしんに	よい
うまく	うれしい

2 あてはまる ことばを あとから えらびましょう。(一つ2てん)

しぜんには（　　）いきものが います。たとえば、ありの すの なかに たまごを うみつける ちょうが います。ありは ちょうを たべて しまうので、すの なかと いうのは たいへん（　　）ばしょです。

それでも、たまごの うちは ありが（　　）まもって くれるので、ちょうは すの なかに たまごを うみつけるのです。

きけんな	ふしぎな
しっかり	ゆっくり

シール

標準
レベル

53 かずを あらわす ことば

じかん 15ふん
ごうかく 40てん
とくてん
シール
50てん

べんきょうした日（　　月　　日）

1 20 40 60 80 100 120（回）

1

（れい）に ならって、かぞえる ときの ことばを かきましょう。（一つ3てん）

（れい）（さんとう）の うま。

① （　　　）の ねこ。

② （　　　）の えんぴつ。

③ （　　　）の ほん。

④ （　　　）の くるま。

⑤ （　　　）の トランプ。

2

かぞえかたの くみあわせに なるように、——で むすびましょう。（一つ3てん）

① いえ　・　　・ たま
② いす　・　　・ まい
③ コート　・　　・ けん
④ うどん　・　　・ きゃく
⑤ かがみ　・　　・ ちゃく

3

あてはまる ことばを あとから えらんで かきましょう。（一つ2てん）

①（　　　）の かにが、（　　　）の くじらに のみこまれました。

② さしみを（　　　）と、ごはんを　おちゃわんに（　　　）たべました。

③ とうふを（　　　）と、キャベツを（　　　）かいに いきました。

④ おおきな ふねが（　　　）うかんで いました。その むこうに はしが（　　　）みえました。

⑤（　　　）の じてんしゃが、（　　　）の ほんやさんの まえに とまって います。

ごきれ　にほん　にひき
よんだい　いっけん　にはい
さんせき　いっとう
ひとたま　さんちょう

かずを あらわす ことば

1 ～ 120（回）

べんきょうした日（　月　日）

じかん	15ふん
ごうかく	40てん
とくてん	50てん

シール

1 ものを かぞえる ときの ことばを かきましょう。（一つ2てん）

（れい） （さんぼん）の（えんぴつ）。

①  （　　）の（　　）。

②  （　　）の（　　）。

③  （　　）の（　　）。

④ 

（　　）の（　　）。

⑤  （　　）の（　　）。

2 ――の ことばを ただしく なおしましょう。（一つ5てん）

① なつやすみの しゅくだいで、プリントが じゅうろくこ（　　）も でました。

② わたしは こんしゅう さんだい（　　）の ほんを よみました。

3 あてはまる ことばを かきましょう。（一もん4てん）

① に（　　）だての たてものが なな（　　）ならんで いました。

② いすが さん（　　）あって、その よこに くつが に（　　）ありました。

③ こうていを なん（　　）も はしった あとに、コップで みずを なん（　　）も のみました。

④ いっ（　　）の てがみが とどきました。それには に（　　）の はなが かかれて いました。

⑤ わたしは、ようふくを さんじっ（　　）いじょう もって います。

標準レベル

55 くみに なる ことば

べんきょうした日〔　月　日〕

じかん 15ふん
ごうかく 40てん
とくてん　　50てん

シール

1 20 40 60 80 100 120（回）

1 はんたいの いみの ことばを、あとから えらんで かきましょう。（一つ2てん）

① ちかい（　　）
② おおきい（　　）
③ ながい（　　）
④ ひくい（　　）
⑤ おいしい（　　）

たかい	ちいさい	とおい
はやい	みじかい	まずい

2 ――と はんたいの いみの ことばを かきましょう。（一つ4てん）

① ひろい いえに すむ。（　　）
② ふかい うみの なか。（　　）
③ あつい こおりが はる。（　　）

3 はんたいの いみに なる ことばを、さんくみ かきましょう。（一つ4てん）

（　　）と（　　）
（　　）と（　　）
（　　）と（　　）

4 はじめの じに つづけて、たがいに はんたいの いみに なるように、ことばを かきましょう。（一もん4てん）

① （に　　）くすりには、（あ　　）あじが つけられて います。
② （お　　）にもつを おろすと、からだが（か　　）かんじました。
③ へやの なかが（く　　）なったので、でんきを つけて（あ　　）しました。
④ （う　　）きこえて いた おんがくが やんで、きゅうに（し　　）なりました。

くみに なる ことば

1 〜 120（回）

べんきょうした日（　月　日）

じかん 15ふん
ごうかく 40てん
とくてん　　50てん
シール

1 えを みて、はんたいの ことばを かきましょう。（一もん5てん）

① 
（　　　）と（　　　）。

② 
（　　　）と（　　　）。

③ 
（　　　）と（　　　）。

④ 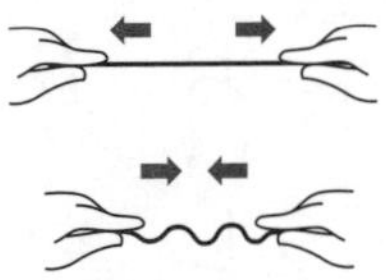
（　　　）と（　　　）。

2 はんたいの いみの ことばに なるように、——で むすびましょう。（一つ2てん）

① はずす・　　・かたまる
② ぬらす・　　・むすぶ
③ とける・　　・かわかす
④ なく・　　・わらう
⑤ ほどく・　　・つける

3 はじめの じに つづけて、たがいに はんたいの いみに なるように、ことばを かきましょう。（一つ2てん）

① にもつを（あ　　）た　あとで、ゆっくりと　こしを（お　　）ました。

② あつく（わ　　）た　おゆを、よく（さ　　）てから　のみました。

③ いけに　このはを（う　　）て　いたら、かめが　やって　きて、（し　　）て　しまいました。

④ へやの　なかが（あ　　）て、ふくを　ぬぎましたが、すぐに（さ　　）なって、また　ふくを　きました。

⑤ おとうとは　つみきが　すきで、いつも（な　　）たり、（く　　）たりして、あそんで　います。

標準レベル

57 こそあどことば

1 こそあどことばに ―― を ひきましょう。（一つ3てん）

① それは、わたしの ぼうしです。

② すみませんが、あれを とって ください。

③ わたしが ほしいのは これです。

④ どれが いちばん やすいですか。

2 ぶんに あう こそあどことばを、あとから えらんで かきましょう。（一つ6てん）

① ようこそ、わたしの いえへ。（　　）で ゆっくりして いって ください。

② ちかくに えきが あります。（　　）には、たくさんの ひとが います。

③ さっきまで ここに ねこが いました。いったい（　　）へ いったのかな。

そこ　どれ　どこ　ここ

3 ――が さして いる ことばを かきましょう。（一つ4てん）

① きのう えんぴつを かいました。それは ずっと ほしかった ものです。
（　　　　）

② おりがみを おりました。これは おねえさんに あげる ものです。
（　　　　）

③ とおくに たてものが みえます。あれは、わたしたちの がっこうです。
（　　　　）

④ きのう はがきが とどきました。それは、なつかしい ともだちからの ものでした。
（　　　　）

⑤ せが たかい ひとが いえに やって きました。その ひとは おとうさんの おともだちでした。
（　　　　）

べんきょうした日〔　月　日〕

じかん	15ふん
ごうかく	40てん
とくてん	/50てん

シール

こそあどことば

べんきょうした日〔　月　日〕

じかん 15ふん
ごうかく 40てん
とくてん　　50てん
シール

1 ——の こそあどことばは、なにを あらわして いますか。あとから えらんで、きごうで こたえましょう。（一つ5てん）

① あちらの ほうへ はしって ください。（　　）

② ここから えきまでは とおいです。（　　）

③ そんなに おおきな こえで はなさないように。（　　）

④ これは おじさんから いただいた てがみです。（　　）

ア ようす　イ ほうこう
ウ ものごと　エ ばしょ

2 あてはまる ものを ○で かこみましょう。（5てん）

ここは さむいので、（あれ　あちら　あの　ああ）へ いきましょう。

3 ——が さして いる ことばを かきましょう。（一つ5てん）

① また あそぼうね。これは ともだちに いわれた ことばです。
（　　）

② あすは にちようびだ。そう おもうと、こころが うきうきして きます。
（　　）

③ とうさんは、こう しなさいと いって、せのびを して みせました。
（　　）

④ はきはきと はなすように せんせいから いわれたので、それを まもるように きを つけて います。
（　　）

⑤ しんごうを まもらない ひとが いました。あんな ことを しては いけませんと、かあさんが いいました。
（　　）

59 最上級レベル 9

べんきょうした日〔　月　日〕

じかん	15ふん
ごうかく	40てん
とくてん	／50てん

シール

1 〔 〕の ことばを（ ）に あてはまるように して かきましょう。（一つ2てん）

① 〔よむ〕
ほんを（　　）ことは たいせつです。たくさん（　　）ましょう。

② 〔すわる〕
いすに（　　）て いたら、そこに（　　）ないで くださいと いわれました。

③ 〔きれいだ〕
（　　）ほうせきを つけたら、ゆびわは もっと（　　）なる。

2 かずを あらわす ことばを かきましょう。（一つ4てん）

① きっぷを いち（　　）（　　）かいました。

② けむりが ひと（　　）（　　）たちました。

③ さん（　　）の はと が とびたちました。

3 ——と はんたいの ことばを かきましょう。（一つ2てん）

① あたたかい（　　）くにの あたらしい（　　）おんがくを たくさん（　　）ききました。

② ふとい（　　）からだを した ねこが、たかい（　　）へいに いた。

③ みかづきが あかるく（　　）てらす みちは、ひろく（　　）て、なだらかでした。

4 ——が さして いる ことばを かきましょう。（一つ4てん）

① おもしろそうな ほんですね。それは、あなたのですか。（　　）

② りんごを ありがとうございます。これは おいしいです。（　　）

③ こうえんに いきました。そこで あそびました。（　　）

べんきょうした日	月　日
じかん	15ふん
ごうかく	40てん
とくてん	/50てん

シール

1

つぎの ぶんしょうの なかから こそあどことばを よっつ みつけて、よこに ——を ひきましょう。また、それぞれが さして いる ことばを じゅんに かきましょう。（一つ5てん）

おとうさんと くるまで でかけました。おとうさんが としょかんを さして、そこに はいろうと いいました。おとうさんは むしの ほんを かりました。わたしが それを みたいと いうと、おとうさんは いい、これも みて ごらんと どうぶつの ほんを てわたしました。わたしは、とりが だいすきなので、それが のって いる ところを さがしました。

さして いる ことば

（　　　　）

（　　　　）

（　　　　）

（　　　　）

2

あてはまる ことばを あとから えらんで かきましょう。（一つ4てん）

①（　　　　）のように つきまとう。

②（　　　　）のように しつこい。

③（　　　　）のように もろい。

④（　　　　）のように ひろい。

⑤（　　　　）のように さわやかだ。

へび	たたみ	あさひ
かげ	すな	うみ

3

つぎの ——の ことばは どの ことばを かざって いますか。その ことばを ○で かこみましょう。（一つ5てん）

① じかんが かなり おそい。はやく いえに かえろう。

② かぞくと はなすと、ほんとうに たのしい。

標準 レベル

61 かんじの よみ (1)

べんきょうした日〔　月　日〕

じかん 15ふん

ごうかく 40てん

とくてん　　50てん

シール

1

――の かんじの よみかたを かきましょう。（一もん3てん）

① 火山《ざん》（　）／ 火が つく（　）

② 雨天《てん》（　）／ 雨もよう（　）

③ 名犬《めい》（　）／ 犬ごや（　）

④ 外見《がい》（　）／ 目《め》で 見る（　）

⑤ 左岸《がん》（　）／ 左きき（　）

2

――の かんじの よみかたを かきましょう。（一もん3てん）

① 大きな（　） まるい 月が（　） のぼって いました。

② 水の（　） なかに 石を（　） なげました。

③ この 本には（　） むずかしい 文しょうが（　） のって います。

3

――の かんじの よみかたを かきましょう。（一もん4てん）

① 左右（　）／ 右せつする（　）／ 右がわ（　）

② 大木《たい》（　）／ ざい木（　）／ 木を きる（　）

③ 日よう（　）／ さく日（　）／ 日が のぼる（　）

④ 体力《たい》（　）／ 力学《がく》（　）／ 力こぶ（　）

4

――の かんじの よみかたを かきましょう。（一もん5てん）

① 白い（　） ふくを きた 女の（　） ひとが いました。

② くもは ながい 糸を（　） からだから 出します（　）。

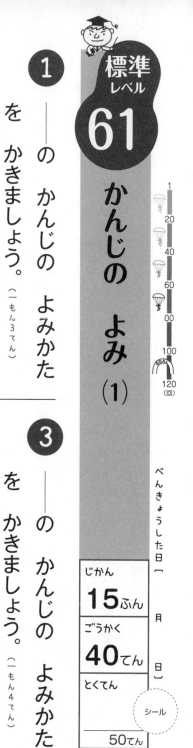

上級レベル

62 かんじの よみ (1)

1 20 40 60 80 100 120 (回)

べんきょうした日（　月　日）

じかん 15ふん

ごうかく 40てん

とくてん　　／50てん

シール

1 よみかたを あとから えらんで、かきましょう。（一つ2てん）

① 年（　　）
② 天（　　）
③ 字（　　）
④ 虫（　　）
⑤ 町（　　）
⑥ 空（　　）
⑦ 車（　　）
⑧ 百（　　）

くう	ねん	じ	ちょう
ひゃく	ちゅう	しゃ	てん

2 かんじと ただしい よみかたを ——で むすびましょう。（一つ2てん）

① 森・　　・せん
② 竹・　　・しん
③ 先・　　・しゅ
④ 林・　　・ちく
⑤ 手・　　・りん

3 ——の かんじの よみかたを かきましょう。（一つ2てん）

① わたしは しょうらい むずかしい 学もんを して、ゆう名に なりたいです。

② 草げんに 金色《いろ》の たいようが のぼる えを 見ました。

③ おおぜいの 青年たちが 学校へ はいって いきます。

④ その むらに すむ 村みんたちは とても 正じきものだった。

⑤ すべって、田んぼの 中に 足を つっこんで しまった。

⑥ ぼくは 作《さく》文を かきました。

標準レベル

63 かんじの よみ (2)

1 20 40 60 80 100 120(回)

べんきょうした日(　月　日)

じかん 15ふん

ごうかく 40てん

とくてん

シール

50てん

1 ——の かんじの よみかたを かきましょう。(一もん3てん)

① 中《ちゅう》立 ( ) / 立ち上《あ》がる ( )

② 国《こく》土 ( ) / 土を ほる ( )

③ 水《すい》田 ( ) / 田うえ ( )

④ 千円《えん》 ( ) / 千代《よ》紙《がみ》 ( )

⑤ 山林《りん》 ( ) / 山のぼり ( )

2 ——の かんじの よみかたを かきましょう。(一もん3てん)

① 雨( )が はげしい( ) 音( )を たてながら ふって います。

② 男( )の子( )が 生( )まれて、わたしには おとうとが できました。

③ 目( )が つかれたので、まぶたを とじて 休( )みました。

3 ——の かんじの よみかたを かきましょう。(一もん4てん)

① 入学《がく》 ( ) / 気《き》に入る ( ) / 手《て》に 入る ( )

② 水上 ( ) / 目上の 人《ひと》 ( ) / 川《かわ》上 ( )

③ 下車《しゃ》 ( ) / 天《てん》下 ( ) / 年《とし》下 ( )

④ 人《じん》口 ( ) / 口調《ちょう》 ( ) / 口を 出《だ》す ( )

4 ——の かんじの よみかたを かきましょう。(一もん5てん)

① 夕( )ぐれに なるまで、貝( )がらを あつめて いました。

② さむくて、耳( )たぶが 赤( )く なりました。

かんじの よみ (2)

べんきょうした日〔 月 日〕

じかん 15ふん
ごうかく 40てん
とくてん
50てん
シール

1 ――の かんじの よみかたを かきましょう。（一つ2てん）

① 一つ
② 二つ
③ 三つ
④ 四つ
⑤ 五つ
⑥ 六つ
⑦ 七つ
⑧ 八つ
⑨ 九つ

2 よみかたに あてはまる かんじを あとから えらんで、きごうで こたえましょう。（一つ2てん）

① えん
② しょう
③ ちゅう
④ かわ
⑤ き
⑥ おんな

ア 中　イ 円　ウ 気
エ 女　オ 小　カ 川

3 ――の かんじの よみかたを かきましょう。（一つ2てん）

① ふかい 森の 中《なか》に、ひとり の 男が すんで いました。

② ぐるぐると 糸を まいて、おおきな 玉が できました。

③ わたしの 町には、花やさんが いくつも あります。

④ うんどうかいでは、白ぐみと 赤ぐみに わかれて たたかいます。

⑤ 右を みて、その あとに 左を みて、しんごうを わたります。

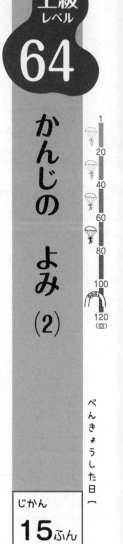

標準 レベル 65

かんじの よみ (3)

べんきょうした日〔　月　日〕

じかん 15ふん

ごうかく 40てん

とくてん　　/50てん

シール

1 おなじ よみかたを する かんじを ――で むすびましょう。(一つ2てん)

① 正・　　・赤

② 犬・　　・子

③ 石・　　・花

④ 火・　　・見

⑤ 四・　　・生

2 ――の かんじの よみかたを かきましょう。(一つ2てん)

① 大小（　）　小さい（　）

② 人《じん》名（　）　名まえ（　）

③ 車いす（　）　水《すい》車（　）

④ 花だん（　）　花火《び》（　）

⑤ 先生（　）　先まわり（　）

⑥ 竹の子《こ》（　）　竹林《りん》（　）

3 よみかたが ただしい ものには ○を、まちがって いる ものには ×を かきましょう。(一つ1てん)

① 耳―みみ（　）

② 上―した（　）

③ 土―どろ（　）

④ 足―そく（　）

⑤ 気―きもち（　）

⑥ 休―きゅう（　）

4 よみかたで しりとりを します。あてはまる かんじを えらんで かきましょう。(一つ2てん)

① 林 ↓（　）

② 青 ↓（　）

③ 百 ↓（　）

④ 校 ↓（　）

⑤ 貝 ↓（　）

一	白	右
音	草	

上級レベル **66**

かんじの よみ (3)

べんきょうした日〔　月　日〕

じかん 15ふん

ごうかく 40てん

とくてん　　／50てん

シール

1

——の かんじの よみかたを かきましょう。（一もん5てん）

① 〔下〕

天下《てん》（　　）　下山《ざん》（　　）

下見《み》（　　）　川下《かわ》（　　）

たれ下がる（　　）

川を 下る（　　）

② 〔六〕

六月《がっ》（　　）　六つ（　　）

六日《か》（　　）

③ 〔金〕

金ぞく（　　）

おにに 金ぼう（　　）

お金もち（　　）

④ 〔人〕

人生《せい》（　　）　人間《げん》（　　）

人がら（　　）

2

まちがって いる よみかたを ○で かこみましょう。（一もん5てん）

① 雨（あめ　あみ　あま　う）

② 男（おとこ　だ　だん　なん）

3

——の かんじの よみかたを かきましょう。（一つ2てん）

① いろいろな 木（　　）に ついて くわしく かかれた 本（　　）を よみました。

② がっ校（　　）は わたしたちの 町（　　）の まんなかに あります。

③ 円（　　）い テーブルで 字（　　）を かく れんしゅうを します。

④ 森（　　）を ぬけた 先（　　）に ある みずうみを みに いきましょう。

⑤ 貝（　　）がらの なかには、玉（　　）の ような しんじゅが ありました。

標準 レベル 67

かんじの かき (1)

べんきょうした日（　月　日）

じかん 15ふん　ごうかく 40てん　とくてん　/50てん　シール

1 かんじで かきましょう。（一つ3てん）

① うえ 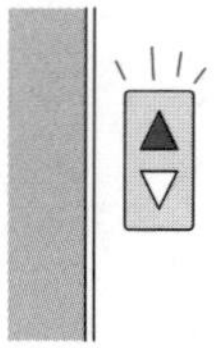 □
② みぎ  □
③ ひだり 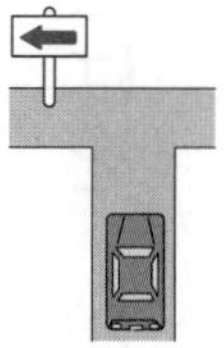 □
④ くち 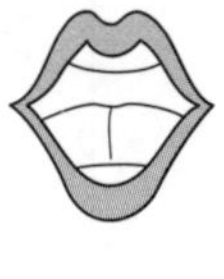 □
⑤ ちから  □
⑥ やま  □

2 ——の ことばを かんじで かきましょう。（一つ2てん）

① じを かく。
② ひを つける。
③ しろい ふく。
④ みずを のむ。
⑤ ちいさい 子《こ》。
⑥ いぬと あそぶ。

3 ——の ことばの かんじを えらんで、〇で かこみましょう。（一つ2てん）

① にわに ある き。（本　木　林）
② ただしい こたえ。（生　青　正）
③ かぶとむしを つかまえる。（虫　中　町）
④ にちようびに 出《で》かける。（日　入　年）
⑤ せんばづるを おる。（赤　石　千）

4 うえの すうじを かんじで かきましょう。（一つ1てん）

1 □　2 □
3 □　4 □
5 □　6 □
7 □　8 □
9 □　10 □

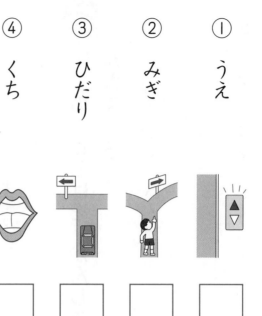

上級 レベル 68

かんじの かき (1)

べんきょうした日〔 月 日〕

じかん	15ふん
ごうかく	40てん
とくてん	50てん

シール

1

□に あてはまる ことばを あとから えらんで、かんじ で かきましょう。（一つ3てん）

① うさぎの □ は ながい。

② □ に のって でかける。

③ にわの □ を つむ。

④ □ がたまでに かえる。

⑤ りょうあしで □ つ。

みみ ゆう た
くさ くるま

2

――の ことばを かんじで かきましょう。（一つ5てん）

① がっこうに いく。

② だんじょを くべつする。

③ あまおとを きく。

3

――の ことばを かんじで かきましょう。（一つ2てん）

① ひゃくえん玉《だま》を もらう。

② しばらく てを やすめる。

③ さわやかな くうき。

④ おおきな つきが でる。

⑤ たんぼが きんいろに ひかる。

⑥ もりの なかに むらが ある。

標準 レベル **69**

かんじの かき (2)

べんきょうした日〔　月　日〕

じかん 15ふん

ごうかく 40てん

とくてん　　　/50てん

シール

1 かんじで かきましょう。（一つ2てん）

① つち  □

② たま  □

③ いと 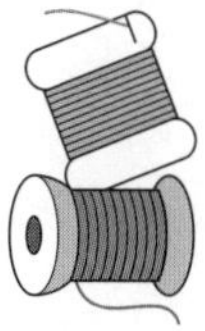 □

④ むら  □

⑤ かい 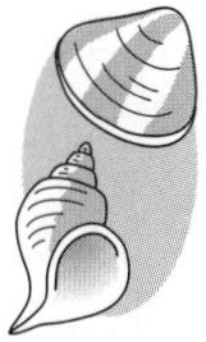 □

⑥ め 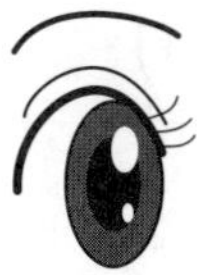 □

2 ――の ことばを かんじで かきましょう。（一つ2てん）

① なまえを つける。□

② はやく すませる。□

③ おうさまの おしろ。□

④ そらを みあげる。□

⑤ さきに かえる。□

⑥ へやの てんじょう。□

3 ――の ことばの かんじを えらんで、○で かこみましょう。（一つ2てん）

① ぶんしょうを かく。（足 字 文）

② そうげんを わたる かぜ。（草 千 林）

③ ひだりがわを あるく。（右 左 中）

④ むしが なく よる。（日 虫 口）

⑤ あかい ほのお。（赤 白 青）

4 □に あてはまる ことばを あとから えらんで、かんじで かきましょう。（一つ4てん）

① てに□を こめる。

② がっきの□を きく。

③ □と さんぽする。

④ うつくしい□かざり。

みみ	いぬ
おと	ちから

上級 レベル 70

かんじの かき (2)

1 ―の ことばを かんじで かきましょう。（一つ2てん）

① はなびが あがる。 □□

② なまみずは のまない。 □□

③ ちょうりつの としょかん。 □□

④ へやを でいりする。 □□

⑤ ねんげつを かぞえる。 □□

2 ちいさい ものから じゅんに かんじで かきましょう。（14てん）

ご　せん　きゅう

なな　じゅう　ひゃく

□ → □ → □ → □

□ → □ → □

3 かんじで かきましょう。（一つ2てん）

① まいごの □《おんな》の □《こ》。

② □《たけ》の ね□《もと》を ほる。

③ □□《さんりん》が ひろがる ちいき。

④ □□《おおぞら》を とぶ ひこうき。

⑤ □《て》を あげて、□《くるま》を とめる。

⑥ □□《がっこう》に まい□《にち》 かよう。

⑦ □□《じょうげ》の ながさを はかる。

⑧ □《しろ》い □《いし》を 赤《あか》く ぬる。

べんきょうした日（　月　日）

じかん 15ふん

ごうかく 40てん

とくてん　　50てん

シール

1 20 40 60 80 100 120(回)

標準 レベル

71 かんじの かき (3)

1 20 40 60 80 100 120(回)

べんきょうした日〔 月 日〕

じかん 15ふん

ごうかく 40てん

とくてん ／50てん

シール

1 かんじで かきましょう。(一つ3てん)

① ろっぴゃくにじゅうえん

② さんびゃくごじゅうえん

③ にひゃくよんじゅうごえん

④ はっぴゃくろくじゅういちえん

⑤ ななひゃくきゅうじゅうえん

2 かんじで かきましょう。(7てん)

げつかすいもくきんどにち

3 ―の ことばを かんじで かきましょう。(一つ2てん)

① あしが すくむ。

② てを あらう。

③ みみを すます。

④ くちを はさむ。

⑤ めを みはる。

4 ―の ことばを かんじで かきましょう。(一つ3てん)

① もうどうけんの けんがくに いく。

② しょくじちゅうの こんちゅう。

③ せいかくな じを かく りっぱな せい年《ねん》。

上級 レベル 72

かんじの かき (3)

1 ——の ことばを かんじで かきましょう。（一つ2てん）

① みあげるような おおおとこ。 □

② ひばなを ちらす きかい。 □

③ せんせいの じゅぎょう。 □

④ さゆうを よく みて わたる。 □

2 しぜんに かんけいの ある かんじを かきましょう。（一つ3てん）

① もり （　　）

② はやし （　　）

③ あめ （　　）

④ き （　　）

⑤ くさ （　　）

⑥ たけ （　　）

3 かんじで かきましょう。（一つ2てん）

① □《そら》に まるい □《つき》が かかる。

② □《くるま》の しくみを □《まな》ぶ。

③ □《むら》では □《た》うえが はじまりました。

④ □《たま》のような □《こ》が うまれました。

⑤ お□《せき》はんを たべる ちいさな □《おんな》のこ。

⑥ ふくびきで □《きん》色《いろ》の □《いし》が あたりました。

べんきょうした日（　月　日）

じかん	15ふん
ごうかく	40てん
とくてん	50てん

シール

標準 レベル

73 かくすう・ひつじゅん（1）

じかん 15ふん

ごうかく 40てん

とくてん　　　50てん

シール

べんきょうした日（　月　日）

1 ひつじゅんの ただしい ほうに ○を かきましょう。（一つ2てん）

①（　）亅 小 小
（　）ノ 小 小

②（　）丨 山 山
（　）丨 山 山

③（　）一 二 チ 天 天
（　）一 丁 大 天

④（　）丨 冂 日 田 田
（　）丨 冂 皿 田 田

2 つぎの かんじの かくすうを すうじで こたえましょう。（一つ3てん）

① 子（　）かく

② 女（　）かく

③ 火（　）かく

④ 玉（　）かく

3 やじるしの ところは なんかくめに かきますか。すうじで こたえましょう。（一つ3てん）

① 入（　）

② 下（　）

③ 文（　）

④ 月（　）

⑤ 生（　）

4 つぎの かんじの なかで、かくすうが ちがう ものを ひとつずつ えらんで、かきましょう。（一つ3てん）

① 五 中 正 日（　）

② 本 字 左 出（　）

③ 先 百 年 赤（　）

④ 気 足 見 村（　）

⑤ 花 学 青 雨（　）

上級レベル 74

かくすう・ひつじゅん (1)

べんきょうした日〔　月　日〕

じかん	15ふん
ごうかく	40てん
とくてん	50てん

シール

1 20 40 60 80 100 120(回)

1

つぎの かくすうの ぶぶんを、ふとく ぬりましょう。(一つ3てん)

① 夕 (にかくめ)

② 千 (にかくめ)

③ 手 (さんかくめ)

④ 四 (さんかくめ)

⑤ 休 (よんかくめ)

2

つぎの かんじの なかで、ろっかくの かんじ すべてを ○で かこみましょう。(10てん)

男　名　田

年　早　貝

林　女　休

村　百　耳

3

つぎの かんじを、かくすうの すくない ものから おおい ものへと じゅんに ならべましょう。(10てん)

森　十　左　草

日　花　火　先

□→□→□→□→

□→□→□→□→□

4

(れい)に ならって、ひつじゅんを かきましょう。(一つ3てん)

(れい) 日 → 丨 冂 日 日

① 女 →

② 円 →

③ 左 →

④ 五 →

⑤ 右 →

標準レベル 75

かくすう・ひつじゅん（2）

じかん 15ふん
ごうかく 40てん
とくてん　　50てん
シール
べんきょうした日（　月　日）

1 つぎの　かんじに　あう　ものを　あとから　えらんで、きごうで　こたえましょう。（一つ2てん）

① 水（　　）
② 土（　　）
③ 川（　　）
④ 火（　　）
⑤ 三（　　）

ア うえから　じゅんに　かく。
イ ひだりから　じゅんに　かく。
ウ よこを　さきに　かく。
エ なかを　さきに　かく。
オ はじめに　ひだりと　みぎを　かく。

2 つぎの　かくすうの　かんじを、ひとつずつ　かきましょう。（一つ2てん）

① ごかく □
② ろっかく □
③ ななかく □

3 つぎの　かんじの　かくすうを、すうじで　こたえましょう。（一つ4てん）

① 男（　　）かく
② 雨（　　）かく
③ 校（　　）かく
④ 車（　　）かく
⑤ 草（　　）かく
⑥ 早（　　）かく

4 やじるしの　ところは、なんかくめに　かきますか。すうじで　こたえましょう。（一つ2てん）

① 青（　　）
② 年（　　）
③ 音（　　）
④ 気（　　）
⑤ 空（　　）

かくすう・ひつじゅん (2)

じかん 15ふん
ごうかく 40てん
とくてん　／50てん
シール

1 つぎの ひつじゅんは、どこから まちがって いますか。まちがいが はじまって いる ぶぶんを、○で かこみましょう。（一つ5てん）

① ノ ナ 𠂇 左 左
② 一 十 才 本 本
③ 一 二 三 ㄈ 耳 耳
④ く 幺 幺 幺 糸 糸
⑤ ノ 𠂉 午 午 午 年
⑥ 丨 冂 日 日 田 町

2 つぎの ふたつの かんじの かくすうを たすと、いくつに なりますか。すうじで こたえましょう。（一つ2てん）

① 立 ＋ 夕 ＝（　　）
② 虫 ＋ 貝 ＝（　　）
③ 玉 ＋ 音 ＝（　　）
④ 森 ＋ 白 ＝（　　）
⑤ 雨 ＋ 赤 ＝（　　）

3 あとの ものに あてはまる かんじを、それぞれ ひとつずつ えらびましょう。（一つ2てん）

① ななかくの かんじ（　　）
② にかくめを はねる かんじ（　　）
③ うえから じゅんに かく かんじ（　　）
④ かくすうが いちばん すくない かんじ（　　）
⑤ かくすうが いちばん おおい かんじ（　　）

二	円	草
日	火	竹
土	男	出
文	川	犬

77 最上級レベル 11

べんきょうした日（　月　日）

じかん 15ふん
ごうかく 40てん
とくてん　／50てん
シール

1

やじるしの　ところは、なんかくめに　かきますか。すうじで　こたえましょう。（一つ2てん）

① 車（　　）
② 校（　　）
③ 森（　　）
④ 町（　　）
⑤ 村（　　）

2

つぎの　みっつの　かんじの　かくすうを　けいさんして、すうじで　こたえましょう。（一つ2てん）

① 右＋日＋天＝（　　）
② 竹＋字＋田＝（　　）
③ 十＋草－上＝（　　）
④ 男－六－人＝（　　）
⑤ 赤－千＋白＝（　　）

3

――の　かんじの　よみかたを　かきましょう。（一もん5てん）

① 土曜《よう》（　　）　土地《ち》（　　）　赤土（　　）
② 手足《て》（　　）　足し算《ざん》（　　）　土足（　　）
③ まっ白（　　）　空白《くう》（　　）　白雪《ゆき》ひめ（　　）
④ 力こぶ（　　）　体力《たい》（　　）　力作《さく》（　　）

4

――の　ことばを　かんじで　かきましょう。（一つ2てん）

① えんまんな　かてい。
② ざつおんを　とめる。
③ ちょう内会《ないかい》。
④ こう長先生《ちょうせんせい》。
⑤ あかい　ずきん。

べんきょうした日〔　月　日〕

じかん	15ふん
ごうかく	40てん
とくてん	/50てん

シール

1

――の ことばを かんじで かきましょう。（一つ3てん）

① ほんみょうを あかす。

② あまみずが したたる。

③ じょしたちの うわさばなし。

④ ちくりんを わたる かぜ。

⑤ むらびとたちが あつまる。

2

――は おなじ かんじで かきます。その かんじを かきましょう。（一つ3てん）

①｛きゅうけいじかん。気《き》を やすめる。

②｛しゅっせきを とる。あくびが でる。

③｛あたらしい とし。一《いち》ねん生《せい》。

④｛からの はこ。くうを きる。

⑤｛かなものの みせ。きんぎょを かう。

3

つぎの かんじの なかで、なかまはずれの かんじを ひとつずつ えらんで、○で かこみましょう。（一つ2てん）

① 雨・木・円・川・山・土

② 目・口・耳・町・手・足

③ 学・校・文・森・本・字

④ 三・十・石・百・七・千

⑤ 右・王・上・左・中・下

4

かくすうが ちがう ものを ひとつずつ えらんで、かきましょう。（一つ2てん）

① 花・貝・百・足（　）

② 耳・休・先・玉（　）

③ 糸・天・虫・年（　）

④ 雨・金・音・青（　）

⑤ 月・山・口・子（　）

標準レベル

79 文《ぶん》しょうを よむ（ものがたり）(1)

べんきょうした日〔　月　日〕

じかん 20ぷん
ごうかく 40てん
とくてん　　／50てん
シール

1 つぎの 文《ぶん》しょうを よんで、といに こたえましょう。

〔「てっちゃん」は、「とうさん」の えを かいて います。〕

「どういうふうに かこうかな。」

てっちゃんは はなくそを ほじりながら、①いっしょうけんめいかんがえた。

「ようし！」

てっちゃんは ②いい こと おもいついた。

「あっ てっちゃん け きってるう。」

おどろいて よしこちゃんがいった。

「ほんとだ。」

「わあ すげえ。」

たくちゃんも しんちゃんも つとむくんも ③めを まるく した。

「ひげだよ。」

「ヒェーッ ほんものの ひげかあ。」

「かっこいい！」

てっちゃんは とくいに なってきった けを とうさんの はなの したへ ぺたぺた はりつけた。


（清水道尾《しみずみちを》「ぼく ぼうし とらないぞ」）

(1) 「①いっしょうけんめい かんがえた」と ありますが、「てっちゃん」が そう したのは なぜですか。○を つけましょう。（15てん）

（　）めんどうなので、はやく すませたかったから。

（　）なるべく いい えに したいと おもったから。

（　）かんがえないと せんせいに しかられるから。

(2) 「②いい こと おもいついた」と ありますが、「いい こと」とは、どんな ことですか。（20てん）

（　　　　　　　　）

(3) 「③めを まるく した」とは、どんな ようすを あらわして いますか。○を つけましょう。（15てん）

（　）あわてて いる ようす。

（　）うらやましい ようす。

（　）びっくりする ようす。

文《ぶん》しょうを よむ（ものがたり）(1)

じかん 20ぷん　ごうかく 40てん　とくてん　／50てん　シール

1 つぎの 文《ぶん》しょうを よんで、といに こたえましょう。

すこし　さむく　なりました。

おおきな　木《き》から　はっぱが　おちました。

はいても　はいても、①あとから　あとから　おちて　きました。

おじさんは、「②よく　みて　いろよ。」と　いって、あつめた　木《こ》の　はを　もして（もやして）、おいもを　やきました。

それでも　木のはは　あとから　あとから　おちて　きました。

おいもを　たべながら、おじさんは　木を　みあげて　いいました。

「③おぼえて　いろよ。」

ゆきが　ふりました。

おじさんは、げんかんの　まえの　みちの　ゆきを　かきました。

おおきな　木の　うえから、ゆきが　ドタッと　おじさんの　あたまの　うえに　おちて　きました。

まっかに　なった　④おじさんは、木を　けとばしながら、いいました。

「おぼえて　いろよ。」

ゆきは　ドタドタと　おじさんの　うえに　かぶさって　きました。

（佐野洋子《さのようこ》「おぼえて　いろよ　おおきな　木」）

(1) ①と　ありますが、なにが　おちて　きたのですか。三字《さんじ》で　かきましょう。（10てん）

□□□

(2) ②と　ありますが、「おじさん」は　どんな　気《き》もちでしたか。○を　つけましょう。（10てん）

（　）かなしんで　いる　気もち。

（　）よろこんで　いる　気もち。

（　）おこって　いる　気もち。

(3) ③とは、「おじさん」の　どんな　ようすですか。○を　つけましょう。（15てん）

（　）げんきな　ようす。

（　）おこって　いる　ようす。

（　）かんがえて　いる　ようす。

(4) ④と　ありますが、その　あとに　どんな　ことが　おきましたか。（15てん）

（　　　　）

標準レベル 81 文《ぶん》しょうを よむ（ものがたり）(2)

べんきょうした日［　月　日］

じかん	ごうかく	とくてん
20ぷん	40てん	/50てん

シール

1 つぎの 文《ぶん》しょうを よんで、といに こたえましょう。

［「ちょう」が しろい はなに
とまろうと ちかづきました。
「きたない きもの。ちかよらないで ちょうだい」
しろい はなが よそよそしく
みを ふるわせて みせました。
ちょうは つかれて いるのです。
でも、①とばなければ ならない。
この はなぞのには やすませて
くれる はなが ないのですから。
（もう あたしだけなんだわ。だれも、いなく なったんだわ）
ちょうは しんだ なかまの
ことを かんがえます。
（ああ、②あの ときは、みんな
いっしょだったけど……）
あの とき……、ちょうは、さぶちゃんと よばれて いた おとこのこの かごに とじこめられて いたのです。でも……。
（なにかの はずみで ひらいた
ドアから つぎつぎに にげだした とき、うれしかったなあ。③くやしそうに おっかけて きた
あの さぶちゃんの ひとみに ④あおい そらが うつって いたっけ）
と、ちょうは おもいだします。
（あまんきみこ「七《なな》つの ぽけっと」）］

(1) ――①は、なぜですか。（10てん）

やすませて くれる □ が ないから。

(2) ――②とは、いつの ときの ことですか。（15てん）

□□□□ に □□□□ いた とき。

(3) ――③と なったのは なぜですか。（15てん）

（　　　　　　　　）

(4) ――④の とき、「ちょう」は どのような 気《き》もちでしたか。〇を つけましょう。（10てん）

（　）ひどい ことを する 人《ひと》を にくむ 気もち。

（　）はやく にげようと あせって いる 気もち。

（　）にげられた ときを なつかしむ 気もち。

文《ぶん》しょうを よむ（ものがたり）(2)

1 つぎの 文《ぶん》しょうを よんで、といに こたえましょう。

「ちえこさん」は、みせで うられて いる こうさぎが ほしく なり、「おかあさん」に 一《いっ》ぴき かって もらいました。

かえりに、あまり こんで いない でんしゃへ ふたりで のりました。ちえこさんは ボール ばこの なかに 入《はい》って いる うさぎが、みたくて みたくて たまらないので、つっと ふたを あけて のぞきますと、うさぎは、その すきまから、（ ① ） あたまを つきだしたと おもう うちに、ぴょこんと、でんしゃの ゆかいたの うえへ はねおりました。そして、おもしろそうに、（ ② ）、おりぐちの ほうへ かけて いきます。でんしゃの なかの ひとたちは、それを みて、みんな、あっはあっはと わらいました。③しゃしょうさんも、とがめも しないで、いっしょに わらって いました。ちえこさんは、④まっかな かおを して、やっと、その うさぎを つかまえました。

（寺門春子《てらかどはるこ》「こうさぎ」）

(1) （①）・（②）に 入る ことばを つぎから えらんで、きごうで こたえましょう。（一つ10てん）

ア ぱらぱらと　イ むくりと
ウ ぴょんぴょんと　エ くすりと

①（　　）　②（　　）

(2) でんしゃの なかの ひとたちは なぜ わらったのですか。（10てん）

（　　　　）から。

(3) 「③しゃしょうさんも、とがめも しないで」と ありますが、それは なぜですか。（10てん）

□□□□ かんじた から。

(4) 「④まっかな かおを して」では、「ちえこさん」は どんな 気《き》もちですか。〇を つけましょう。（10てん）

（　）はずかしい 気もち。
（　）おこって いる 気もち。
（　）おびえて いる 気もち。

文《ぶん》しょうを　よむ（ものがたり）(3)

べんきょうした日〔　月　日〕

じかん 20ぷん　ごうかく 40てん　とくてん　/50てん　シール

1 つぎの　文《ぶん》しょうを　よんで、といに　こたえましょう。

〔「リンゴ」は、おまつりで　おどりを　おどって　いました。〕

おどりおわった　とき、おししょうさんが

「まわるのを　わすれちゃったね。」と、いいました。

リンゴは、

——ああ、あの　とき　まわって　なかったのかぁ——

と、おもいました。

「①きっと、つぎは　だいじょうぶだからね。」

おししょうさんは、リンゴの　めを　みて、ゆっくり　いいました。

「はい。」

つぎの　こと　いれかわって、リンゴは　ぶたいの　はしに　すわりました。②ほっと　します。ちょっと　のりだして、みに　きて　いる　ひとたちを　ながめました。

ひとの　うみから　ぷかっと　うかんだように、おとうさんを　みつけました。

おとうさんは、まぶしそうに　わらって、リンゴを　みて　いました。リンゴは、おとうさんに　③てを　いっぱい　ふりました。

（きたゆきこ「リンゴは　ぐずぐず　いわないよ」）

(1) ——①と　ありますが、「おししょうさん」は　なぜ　そのように　いったのですか。○を　つけましょう。（15てん）

（　）「リンゴ」を　はげます　ため。

（　）「リンゴ」を　おこらせる　ため。

（　）「リンゴ」を　ほめる　ため。

(2) ——②と　ありますが、なぜ「リンゴ」は　ほっと　したのですか。（15てん）

「おししょうさん」に □□ □□ なかったから。

(3) ——③の　ときの「リンゴ」の　気《き》もちは　どれですか。○を　つけましょう。（20てん）

（　）くやしさ

（　）うれしさ

（　）はずかしさ

文《ぶん》しょうを よむ（ものがたり）(3)

べんきょうした日〔　月　日〕

じかん	20ぷん
ごうかく	40てん
とくてん	50てん

シール

1 つぎの 文《ぶん》しょうを よんで、といに こたえましょう。

〔あそびの すきな 「王《おう》さま」が、はじめて はたけで はたらきました。〕

王さまは いっしょうけんめい はたらくと、おなかが すいて たまりません。ごはんを 五《ご》かいも たべました。

「ああ、おいしい。ごはんって おいしい ものだな。」

おふろに はいって、あせを ながして、ばんごはんの ときも、

「はたらくと ごはんが おいしいぞ。こんなに おいしいなら、①まえから もっと はたらけば よかったよ。」

だいじんは しんぱいに なって きました。

「王さま、もう ごはんは およしなさい。あまり たべては どくですよ。」

「なあに、だいじょうぶ。」

「それに、あんなに はたらいては、おからだを こわします。」

「なあに、だいじょうぶさ。」

「王さまは、あそんで、べんきょうを して、ひるねを して いれば いいんですよ。」

「いや、はたらいた ほうが、おもしろいさ。」

あそびの すきな 王さまは、②あそびを やめて しまいました。

（寺村輝夫《てらむらてるお》「しゃぼんだまの くびかざり」）

(1) ―①と 「王さま」が おもった のは、なぜですか。（20てん）

（　　　　　　　　）から。

(2) はたらく 「王さま」を みて、「だいじん」は どう おもいましたか。〇を つけましょう。（10てん）

（　）ごはんを たくさん たべて ほしい。

（　）からだを こわさないか しんぱいだ。

(3) ―②と ありますが、なぜ やめたのですか。（二つ10てん）

□□□□□ ほうが □□□□□ から。

文《ぶん》しょうを よむ（ものがたり）(4)

べんきょうした日（　月　日）

じかん 20ぷん
ごうかく 40てん
とくてん　　　/50てん
シール

1 つぎの 文《ぶん》しょうを よんで、といに こたえましょう。

けんたが ①さくらの きまで いって みると、つきは やまの うえに にげて いた。

やまに のぼって みると、つきは もっと とおくに いって いる。

けんたは つきを おいかけた。でも、けんたが はしると、つきも はしる。けんたが あるくと、つきも あるく。いつまで たっても つかまえられない。

②「もう、やーめた」

けんたは（　③　）かえって きた。くたびれて、のども からからだった。

けんたが いずみで みずを のもうと したら、みずに つきが うつってた。

「あ、おつきさま。こんな ところに かくれてたんだ」

けんたは、はっぱで コップを つくって、みずと いっしょに つきを すくった。

④「やった、やっと つかまえた！」

つきは、はっぱの コップの なかで、おとなしく ゆれて いた。

（正道《しょうどう》かほる「おねしょの せんせい」）

(1) ——①と ありますが、「けんた」は その あと どこへ いきましたか。（10てん）

□□□□□

(2) ——②と「けんた」が おもったのは、なぜですか。（10てん）

（　　　　　　）

(3)（　③　）に 入《はい》る ことばに ○を つけましょう。（10てん）

（　）げん気《き》よく
（　）しょんぼり
（　）うっかりと

(4) ——④は「けんた」の どんな 気もちを あらわして いますか。○を つけましょう。（20てん）

（　）がっかりと した 気もち。
（　）よろこんで いる 気もち。
（　）こわがって いる 気もち。

文《ぶん》しょうを よむ （ものがたり） (4)

じかん	20ぷん
ごうかく	40てん
とくてん	／50てん

シール

1 つぎの 文《ぶん》しょうを よんで、といに こたえましょう。

「あ、モンシロマイムス！　お、トノバッタノドン！」
見《み》ると、モンシロチョウが とんで います。

トノサマバッタが はねました。

①ハキちゃんは わらい出《だ》し、まねを して いいました。
「おっ、カマキリトプス はっけん。おおー、テントウムシマイムスだ！」

よねだくんも わらって、また いいました。
「おっ、あそこに ハエトプス」

ハキちゃんも いいました。
「お、あれは ②ミツバチトプス」
「あ、ダンゴムシサウルス！」
「ノラネコサウルス！」

はらっぱじゅうを 見まわして ぐるぐる まわり、きょうそうで いいました。

そして、げらげら わらって いる うちに 目《め》が まわり、いっしょに ひっくりかえりました。

青《あお》い 空《そら》が ぐらぐら ゆれます。
白《しろ》い 雲《くも》が まわって います。

（薫《くん》くみこ「ハキちゃんの『はっぴょうします』」）

(1) 「よねだくん」は、モンシロチョウと トノサマバッタの ことを どのように よんで いますか。（一つ5てん）

・モンシロチョウ（　　　　）

・トノサマバッタ（　　　　）

(2) ——①と ありますが、その ときの 「ハキちゃん」の 気《き》もちに ○を つけましょう。（15てん）

（　）たのしんで いる 気もち。

（　）あきれて いる 気もち。

（　）からかって いる 気もち。

(3) ——②と ありますが、なにを 見たのですか。（15てん）

(4) 「よねだくん」と 「ハキちゃん」は、どこに いるのですか。（10てん）

標準 レベル 87

文《ぶん》しょうを よむ（ものがたり）(5)

べんきょうした日〔　月　日〕

じかん 20ぷん　ごうかく 40てん　とくてん　／50てん　シール

1　20　40　60　80　100　120(回)

1 つぎの 文《ぶん》しょうを よんで、といに こたえましょう。

かなちゃんが、①まっかな かおを して、はしって きます。

あまり いそいで かけたので、しばふの うえで ころびました。

「ああ そんな ところで ころばないで おくれ。②せっかく ていれした しばふが いたんで しまう」

おばあさんは、それでも あわてて とびだしました。

かなちゃんは、すぐに おき あがると、

「わたし、おねえちゃんに なったの。ママに あかちゃん うまれたの」

うれしそうに いいました。

「あ・か・ち・ゃ・ん」

おばあさんが まぶしそうな かおを しました。

「あかちゃんと ママ、びょういんに いたの。かなちゃんね、まいにち あかちゃんに おばあちゃんの こと、おはなししてたの。カポネの こともよ」

カポネが うれしそうに シッポを ふりました。

「あかちゃん、おめめ つぶった まま ウックン ウックンって、きいてたの。だから、かなちゃん いそがしかったの」

「そうかい、いそがしかったのかい」

おばあさんが はじめて、③「ホッホッ」と、わらいました。

（鬼塚《おにづか》りつ子《こ》「おばあさんと あかい いす」）

(1) ①と ありますが、「かなちゃん」が そのように なって いたのは、なぜですか。（15てん）

（　　　　）

(2) ②とは、どんな ことばですか。○を つけましょう。（15てん）

（　）おもいやる ことば。

（　）かばおうと する ことば。

（　）いじの わるい ことば。

(3) ③の ときの「おばあさん」の ようすを あらわす ものに ○を つけましょう。（20てん）

（　）よろこび

（　）くるしみ

（　）ふあん

文《ぶん》しょうを よむ（ものがたり）(5)

べんきょうした日（　月　日）

じかん	ごうかく	とくてん
20ぷん	40てん	/50てん

シール

1 つぎの 文《ぶん》しょうを よんで、といに こたえましょう。

〔かぜが つよい 日でした。「おじいさん」は ぼうしを かぜで とばして しまいました。〕

おじいさんは、

「ぼっちゃん、ぼっちゃん、ひろって ください、ぼうし ぼうし。」と おおきな こえを だして、よろよろ はしって きます。それでも おとこの こたちは、ひろっても やらず、てを たたいて、「やあい やあい。」と、はやしながら、かけて いって しまいました。

「①ひどい ひと。」と いいながら、あいこちゃんは ぼうしを おっかけて、ひろって、すなを ちゃんと はらって、おじいさんに わたしました。おじいさんは、

「へえへえ、どうも ありがとう ございます。あなたは、ほんとに しんせつな、おじょうさまです。」と いって おじぎを しました。

あいこちゃんは、きまりわるそうに、「さようなら。」と いって、②にげるように して いきました。

（大山義夫《おおやまよしお》「みかんやさん」）

(1) ――①と「あいこちゃん」が おもったのは なぜですか。りゆうを 二《ふた》つ かきましょう。（一つ10てん）

（　　　　）

（　　　　）

(2)「あいこちゃん」は、「おじいさん」の ために なにを しましたか。二つ かきましょう。（一つ10てん）

（　　　　）

（　　　　）

(3)「おじいさん」は、「あいこちゃん」の ことを なんと よびましたか。（5てん）

（　　　　）

(4) ――②と ありますが、「あいこちゃん」は なぜ そのように したのですか。○を つけましょう。（5てん）

（　）てれくさく おもえたから。

（　）しかられたと おもったから。

（　）とても いそいで いたから。

郵便はがき

550-0013

お手数ですが
切手をおはり
ください。

大阪市西区新町3-3-6
受験研究社
愛読者係 行

● ご住所 □□□-□□□□

TEL(　　　　　)

● お名前　　※任意（男・女）

● 在学校 □保育園・幼稚園 □中学校 □専門学校・大学 □小学校 □高等学校 □その他（　　　）　学年（歳）

● お買い上げ書店名（所在地）　書店（　　市区町村）

★すてきな賞品をプレゼント！
お送りいただきました愛読者カードは、毎年12月末にしめきり，抽選のうえ100名様にすてきな賞品をお贈りいたします。

★LINEでダブルチャンス！
公式LINEを友達追加頂きアンケートにご回答頂くと，上記プレゼントに加え，夏と冬の特別抽選会で記念品をプレゼントいたします！

※当選者の発表は賞品の発送をもってかえさせていただきます。　https://lin.ee/cWvAhtW

株式会社 増進堂・受験研究社

愛読者カード

本書をお買い上げいただきましてありがとうございます。あなたのご意見・ご希望を参考に，今後もより良い本を出版していきたいと思います。ご協力をお願いします。

1. この本の書名(本のなまえ)　　お買い上げ　　年　　月

2. どうしてこの本をお買いになりましたか。
□書店で見て　□先生のすすめ　□友人・先輩のすすめ　□家族のすすめで
□塾のすすめ　□WEB・SNSを見て　□その他(　　　　)

3. 当社の本ははじめてですか。
□はじめて　□2冊目　□3冊目以上

4. この本の良い点，改めてほしい点など，ご意見・ご希望をお書きください。

5. 今後どのような参考書・問題集の発行をご希望されますか。あなたのアイデアをお書きください。

6. 塾や予備校，通信教育を利用されていますか。
塾・予備校名 [　　　　]
通信教育名 [　　　　]

企画の参考，新刊等のご案内に利用させていただきます。

2023.11

標準 レベル 89

しを よむ (1)

べんきょうした日〔　月　日〕

じかん 20ぷん
ごうかく 40てん
とくてん　　　／50てん

1 つぎの しを よんで、といに こたえましょう。

おおきな おふろ　ありが れん

だれも しらない
ところです。
とても おおきな
おふろです。

つきは ひとりで
はいります。
つきが あがった その あとは、
ほしが みんなで はいります。

(1) おふろが あるのは どこですか。十字《じゅうじ》の ことばで かきましょう。(15てん)

(2)「あがった」とは、なにを あらわして いますか。□に 入《はい》る ことばを かきましょう。(10てん)

おふろから あがった こと。
または、そらに □ が あがった こと。

2 つぎの しを よんで、といに こたえましょう。

ぶどうの み　つづき ますよ

むらさき ぶどう、
がらすの み、
おとすと あぶない、
けがするぞ、
ぼうしで すうと、
うけとれや。

(1) むらさきの ぶどうは なにに たとえられて いますか。(15てん)

(2)「けがするぞ」とは、どんな ようすを あらわして いますか。○を つけましょう。(10てん)

(　) ぶどうで てを きる こと。
(　) ぶどうを ぬすまれる こと。
(　) ぶどうが つぶれる こと。

しを よむ (1)

べんきょうした日（　月　日）

じかん	20ぷん
ごうかく	40てん
とくてん	50てん

シール

1 つぎの しを よんで、といに こたえましょう。

けが　　さいじょう やそ

ふいても、ふいても
ちが　にじむ、
ないても、ないても
まだ　いたむ、
ひとりで　けがした
くすりゆび。
ほかの　ゆびまで
あおざめて
しんぱいそうに
のぞいて　いる。

(1) けがを　した　ひとは　なにを　しましたか。二《ふた》つ　かきましょう。（一つ5てん）

（　　　　）
（　　　　）

(2)「ひとり」とは、だれの　ことですか。五字《ごじ》で　かきましょう。（10てん）

□□□□□

(3) しんぱいして　いるのは、だれですか。五字で　かきましょう。（10てん）

□□□□□

2 つぎの しを よんで、といに こたえましょう。

① みずすまし　　かわかみ　すみを

つうい、つんつん　みずすまし、
みぃずの　ながれに　はりついて、
みぃずが　ながれりゃ　うえへと
すすむ、
つうい、つんつん　みずすまし。

② きりんの　くび　　おかもと　たろう

きりんの　くぅび
てんまで　とどく、
おつきさまの　かおを
しかくぃ　しぃろ

(1)「みぃず」のように　ちいさい字の　ある　ことばを、②の　しから　二つ　かきましょう。（一つ5てん）

（　　　　）（　　　　）

(2) ①と　②の　しで　かかれて　いる　ものは　なんですか。○を　つけましょう。（10てん）

（　）わかい　ものと　としよりの　もの。
（　）おおきい　ものと　ちいさい　もの。

しを よむ (2)

1
20
40
60
80
100
120
(回)

べんきょうした日（ 月 日）

じかん	20ぷん
ごうかく	40てん
とくてん	50てん

シール

1 つぎの しを よんで、といに こたえましょう。

ねんどあそび

こいけ ともこ

ねんど いっぱい ①ちからも いっぱい
②なにを なにを つくろかな
つちの なかから
うまれた ねんど
なんだか ③ちょっぴり あったかい

ねんど いっぱい
ちからも いっぱい
おおきな [④] できちゃった
うまれたばかりの
ねんどの ぞうさん
⑤そうっと のっても いいかなあ

（〈銀の鈴社〉）

(1) ——①とは、どのような ようすを あらわして いますか。○を つけましょう。(10てん)

（　）いっしょうけんめい かんがえて いる ようす。

（　）ちからを こめて ねんどを こねて いる ようす。

(2) ——②と くりかえして いるのは、どのような きもちから ですか。○を つけましょう。(10てん)

（　）ねんどで なにかを つくるのが うれしい。

（　）ねんどづくりを はやく すませたい。

（　）ねんどで なにを つくるかが わからない。

(3) ——③と おもうのは、なぜですか。(10てん)

ねんどは [　　] から うまれたと おもうから。

(4) [④]に 入《はい》る ことばを しの 中《なか》から さがして、四字《よじ》の ことばで かきましょう。(10てん)

[　　　　]

(5) ——⑤と おもうのは、なぜですか。○を つけましょう。(10てん)

（　）じぶんが のれるくらい おおきく つくったから。

（　）じぶんで つくった ことを うれしく おもうから。

（　）のって いって はやく みんなに みせたいから。

1　つぎの しを よんで、といに こたえましょう。

子《こ》ねこを だいた こと ある?

はせがわ せつこ

子ねこを だいた こと ある?
①ぽああっと あったかいな
ふにゃ くにゃ
②どきどき
生《い》きてるな

③土《つち》の においを かいだ こと
ある?

ぽつ ぽつ ぽつ ぽつ
雨が 土を たたきおこす
もわっと たち上《のぼ》る 土の におい
ひんやりした かぜに のって
つうんと 土の におい

(1) この しは いくつの ものに ついて かかれて いますか。(10てん)

□ つ

(2) 「①ぽああっと」は、どのような かんじを あらわして いますか。○を つけましょう。(10てん)

( ) じめじめと しめって いる かんじ。
( ) つんつんと とがって いる かんじ。
( ) ふわふわと やわらかい かんじ。

(3) 「②どきどき」は、なんの 音《おと》を あらわして いますか。○を つけましょう。(10てん)

( ) 子ねこの からだ。
( ) わたしの しんぞう。
( ) 子ねこの 気《き》もち。

(4) 「③土の におい」は なにに よって おこされますか。一字《いちじ》の ことばで かきましょう。(10てん)

□

(5) 「③土の におい」の ようすを あらわす ことばを、しの 中《なか》から 二《ふた》つ さがして かきましょう。(一つ5てん)

・□
・□

べんきょうした日 (月 日)
じかん 20ぷん
ごうかく 40てん
とくてん　　50てん
シール

1 20 40 60 80 100 120(回)

じかん	ごうかく	とくてん
20ぷん	40てん	/50てん

べんきょうした日（　月　日）

シール

1 つぎの しを よんで、といに こたえましょう。

いって みよ

みやなか くもこ

さかの うえには
うちが ある
ちいさな まどが
ひかってる
こどもが いるのか
いないのか
さかみち のぼって
いって みよ

さかの うえには
そらが ある
①いろんな くもが
うかんでる
あそんで くれるか
くれないか
［②］ のぼって
いって みよ

(1) さかの うえの うちには なにが 見《み》えて いますか。六字《ろくじ》の ことばで かきましょう。（10てん）

(2) さかの うえの うちには、だれが いると いいと おもって いますか。三字《さんじ》の ことばで かきましょう。（10てん）

(3) さかの うえの うちに いって、なにを しようと おもって いますか。（10てん）

（　　　　）

(4) ――①には どんな 気《き》もちが こめられて いますか。〇を つけましょう。（10てん）

（　）ふしぎそうで どきどき する 気もち。
（　）たのしそうで わくわく する 気もち。
（　）たいへんそうで はらはら する 気もち。

(5) ［②］に あてはまる ことばを しの 中《なか》から さがして、四字《よじ》で かきましょう。（10てん）

1 目標 1 20 40 60 80 100 120（回）

べんきょうした日（　月　日）

じかん	ごうかく	とくてん
20ぷん	40てん	50てん

シール

1 つぎの 文《ぶん》しょうを よんで、といに こたえましょう。

ある あさ、ひでちゃんは、めを さますと、すぐに、いつものように、おかあさんに、

「きんととは？」と ききました。すると おかあさんは、

「あ、ひでちゃん、きんととはね、ねこに かまれて しんだわよ。」

と、いいました。ひでちゃんは、それを きくと、わぁと、おおきな こえを だして なきながら、

「いやだい いやだい。きんとと、しんじゃ いやだい、うわぁん うわぁん。」と、ぐずりだしました。おかあさんや ねえやが、いくら だましても、すかしても、なきやみません。

「うわぁん うわぁん。」と いいながら しまいに、おえんがわへ、かけて いきました。

きんぎょは 三《さん》びきとも こちこちになって つちの うえに ひかり ころがって います。ひでちゃんは、それを みると なおなお おおごえで なきだしました。


（茶木七郎《ちゃきしちろう》「きんとと」）

(1) 「きんとと」とは、なんですか。（10てん）

三びきの ［　　　　］

(2) 「きんとと」は、なぜ しんだのですか。（10てん）

（　　　　）

(3) 「ひでちゃん」は 「きんとと」が しんだのを きいて、どう なりましたか。○を つけましょう。（10てん）

（　）ひどく かなしく おもった。

（　）すぐ あきらめて しまった。

（　）おかあさんが きらいに なった。

(4) 「おかあさん」や 「ねえや」は、「ひでちゃん」を どう しようと しましたか。（10てん）

（　　　　）

(5) 「きんとと」は つちの うえで どうなって いましたか。（10てん）

（　　　　）

文《ぶん》しょうを よむ（せつめい文）(1)

べんきょうした日〔　月　日〕

じかん	20ぷん
ごうかく	40てん
とくてん	シール　50てん

1 つぎの 文《ぶん》しょうを よんで、といに こたえましょう。

①七月七日《しちがつなのか》の 夜《よる》に、天《あま》の川《がわ》を わたって、おりひめさまと、ひこぼしさまが 会《あ》う、お話《はなし》は、よく 知《し》られて います。

この 日《ひ》は、字《じ》が きれいに かけたり、きものを じょうずに、つくれるように、星《ほし》に ねがいを かけました。

②この お話は、中国《ちゅうごく》から、つたわって きました。日本《にほん》では、その むかし、きれいな 女《おんな》の 人《ひと》が、川《かわ》の 近《ちか》くの 小屋《こや》で、おり ものを おりました。

そして、③もっと じょうずに、おりものが できるように、神様《かみさま》に おねがいを した 日と、いわれて います。

（田畑《たばた》 豊《ほう》「せっく」）

(1) なにに ついて せつめいして いますか。○を つけましょう。（10てん）

（　）ひなまつり

（　）うんどうかい

（　）たなばた

(2) 「①七月七日の 夜」には だれと だれが 会うのですか。□に 入《はい》る ことばを かきましょう。（一つ5てん）

□ と □ が 会う。

(3) 「①七月七日の 夜」には どのような ことを ねがいますか。二《ふた》つ かきましょう。（一つ5てん）

（　）

（　）

(4) 「②この お話」は どこから つたわって きましたか。二字《にじ》の ことばで かきましょう。（10てん）

□

(5) 「③もっと じょうずに、おりものが できるように」と おねがいを したのは だれですか。七字《ななじ》の ことばで かきましょう。（10てん）

□

文《ぶん》しょうを よむ〈せつめい文〉(1)

べんきょうした日〔　月　日〕

じかん	ごうかく	とくてん
20ぷん	40てん	50てん

シール

1 つぎの 文しょうを よんで、といに こたえましょう。

シマウマは、たくさんの なかまと いっしょに くらして います。たくさんの シマウマが あつまると、大《おお》きな しましまの かたまりのように なります。シマウマを たべる ライオンや ヒョウは、どこまでが 一《いっ》とうの シマウマの からだなのか、みわけづらく なって、おそいにくく なると いう わけです。めだつようでも、シマウマの もようは 身《み》を まもる ために あるのです。

（①）、しまの もようは、シマウマの しゅるいに よって ちがいますから、なかまを みわける ときに やくに たちます。なかまから とおく はなれても、ライオンに とっては めざわりな ②が、かえって よい めじるしに なるのです。

（久道健三《ひさみちけんぞう》「かがく なぜ どうして 一年生《いちねんせい》」〈偕成社〉）

(1) シマウマは どのように して くらして いますか。(10てん)

（　　　　）

(2) シマウマの もようは、シマウマに とって どのように やくに たちますか。正《ただ》しい もの すべてに ○を つけましょう。(20てん)

（　）ライオンなどから みわけられないように する。

（　）ライオンなどに とって よい めじるしに なる。

（　）じぶんの なかまを みわけやすく する。

（　）じぶんの からだを びょうきから まもる。

(3)（①）に あてはまる ことばに ○を つけましょう。(10てん)

（　）だから

（　）また

（　）しかし

(4) ②に あてはまる ことばを、文しょうの 中《なか》から 九字《くじ》の ことばで かきましょう。(10てん)

標準 レベル 97

文《ぶん》しょうを よむ（せつめい文）(2)

べんきょうした日［ 月 日］

じかん 20ぷん
ごうかく 40てん
とくてん ／50てん
シール

1 つぎの 文《ぶん》しょうを よんで、といに こたえましょう。

春《はる》の さかりに なりました。

アブラナが ①ずいぶん のびました。いまが そだちざかりです。

はも くきも、みずみずしい みどりいろです。

ねから すいあげられた 水《みず》が、はで つくられた ようぶんを とかして、からだじゅうを ながれます。アブラナは、どんどん そだちます。

もう、こどもの せたけほどに のびました。

アブラナの はを そっと めくって みましょう。

ほら、虫《むし》の たまごです。たまごから かえった ②アオムシも います。

やわらかな はを むしゃむしゃ たべて、いまに ふとった アオムシに なります。アオムシは、チョウの こどもです。

（小田英智《おだひでとも》「アブラナ」〈偕成社〉）

(1) ―①と ありますが、その あと どれくらいの たかさに なりましたか。（10てん）

(2) アブラナが そだつには なにが いりますか。正《ただ》しい もの すべてに ○を つけましょう。（10てん）

（　）水　（　）ようぶん

（　）虫の たまご

（　）アオムシ

(3) ―②は なにを たべますか。（10てん）

(4) ―②は なにに なりますか。（10てん）

(5) この 文しょうに かかれて いる ほうを えらんで、○を つけましょう。（10てん）

（　）春の さかりには アブラナは まだ みじかい。

（　）虫の たまごは アブラナの はの うらに ある。

文《ぶん》しょうを よむ（せつめい文）(2)

1 つぎの 文《ぶん》しょうを よんで、といに こたえましょう。

あたたかな ひざしの なかで、ジャガイモの くきが そだちます。

たくさんの はを つけた えだが つぎつぎと のびだします。①みどり色《いろ》の はは、たいようの 光《ひかり》を うけて ようぶんを つくるのが しごとです。

あたらしい ようぶんを つくり、ジャガイモの くきが さらに 大《おお》きく そだちます。

②そだちざかりの くきや はは、こん虫《ちゅう》たちが ねらって います。テントウムシや アリマキが、そっと はたけに しのびこみます。

はが そだつと、土《つち》の なかでも くきから えだが でます。③白《しろ》い えだは ねに にて いますが、形《かたち》が すこし ちがいます。

のびた 白い えだは、さきの ぶぶんが ふくらみます。

さいしょは マッチの あたまほどですが、やがて 丸《まる》く ふくらみます。

そう、これが ジャガイモに なるのです。

（小田英智《おだひでとも》「ジャガイモ」〈偕成社〉）

(1) なにに ついて せつめいして いますか。（10てん）

［　　　　］に ついて。

(2) 「①みどり色の は」は なにを する ための ものですか。（10てん）

（　　　　）

(3) 「②そだちざかりの くきや は」を ねらって いるのは なんですか。（10てん）

（　　　　）

(4) 「③白い えだ」は どこで できますか。四字《よじ》の ことばで かきましょう。（10てん）

［　　　　］

(5) 「③白い えだ」の 「さきの ぶぶん」は なにに なりますか。五字《ごじ》の ことばで かきましょう。（10てん）

［　　　　　］

べんきょうした日（　月　日）

じかん 20ぷん

ごうかく 40てん

とくてん　　／50てん

シール

1 20 40 60 80 100 120（回）

標準 レベル 99

文《ぶん》しょうを よむ（せつめい文）(3)

じかん 20ぷん
ごうかく 40てん
とくてん　　／50てん
シール

べんきょうした日（　月　日）

1 つぎの 文《ぶん》しょうを よんで、といに こたえましょう。

　からだの いちばん うえには あたまが ある。あたまの なかには、のうと いう たいせつな ものが はいって いるから あたまの ほねは いしのように かたい。

　のうは、ひとが かんがえたり おぼえたり する ところだ。めで みた ものや みみで きいた おとなど、それが なんで あるか わかるのも のうの はたらきだ。うれしく なったり かなしく なったり するのも、のうの なかに もとが ある。ことばさえ のうの なかで つくられて いる。のうには ひとの こころが ある、と いって よいだろう。

（毛利《もうり》子来《たねき》「ひとの からだ」）

(1) からだの いちばん うえには なにが ありますか。（5てん）

[　　　]

(2) あたまの なかには なにが はいって いますか。（10てん）

[　　　] が [　　　] はいって いる。

(3) あたまの ほねは どのように なって いますか。○を つけましょう。（5てん）

（　）たいへん かたい。
（　）かたい ところも ある。
（　）かたくは ない。

(4) 「のう」は なにを する もの ですか。四《よっ》つ かきましょう。（一つ5てん）

（　　　）
（　　　）
（　　　）
（　　　）

(5) 「のう」には なにが あると いって いますか。（10てん）

[　　　] が ある。

べんきょうした日〔　月　日〕

じかん 20ぷん ごうかく 40てん とくてん　　50てん

シール

1 つぎの 文《ぶん》しょうを よんで、といに こたえましょう。

ふとんの 中《なか》に 入《はい》って いる わたしは、水《みず》を すいこむと ちぢんで しまいます。にんげんは、ねむって いる あいだにも あせを かき、それが ふとんにも しみこんで いるのですから、ふとんを ほさないで いると、だんだん ぺったんこに なって しまいます。

おてんきの よい 日《ひ》に ふとんを ほすと、たいようの ねつで わたしの 中の 水が なくなって、また ふっくらした ふとんに もどります。

もう ひとつ いい ことは、ふとんの 中の 目《め》に みえない ばいきんを ころす ことが できる ことです。十五分《じゅうごふん》 ほせば、ふとんの 中の ばいきんは、ほとんど しんで しまいます。はれた 日に、ふとんを ほす ことは、からだにも いいのです

（久道健三《ひさみちけんぞう》「かがく なぜ どうして 一年生《いちねんせい》」〈偕成社〉）

(1) ふとんの 中の わたしは、水を すうと どう なりますか。（10てん）

（　　　　）

(2) 「それ」は、なにを さして いますか。二字《にじ》の ことばで かきましょう。（10てん）

□□

(3) ぺったんこに なった ふとんを もとに もどすには どう すれば いいですか。（10てん）

（　　　　）

(4) ばいきんとは、どのような ものですか。○を つけましょう。（10てん）

（　）ふとんの 中から ときどき でて くる。

（　）ふとんの 中に いるが、しんで しまう。

（　）ふとんの 中に いて、目に みえない。

(5) ふとんの 中の 「ばいきん」を ほとんど ころすには、なん分《ぷん》 ほせば いいですか。（10てん）

（　　　　）分

文《ぶん》しょうを よむ（せつめい文）(4)

じかん	20ぷん
ごうかく	40てん
とくてん	/50てん

シール

1 つぎの 文《ぶん》しょうを よんで、といに こたえましょう。

まめは たねです。生《い》きて います。

まめを まいて、水《みず》を やりましょう。

なん日《にち》か すると、土《つち》が もりあがって、めが 出《で》て きます。そして、小《ちい》さな はが 出て、くきが のびます。

やがて はの かずが、つぎつぎと ふえて いきます。しばらく すると、花《はな》が さきます。

花が さいた あとに、あたらしい まめが できます。まめは、さやに つつまれて そだちます。

まめは、じゅうぶんに みのると、さやから はなれます。はなれた まめを よく 見《み》ると、どの まめにも、へそが あります。ここで さやに つながって、そだって いたのです。

まめは たねです。土に まくと、あたらしい まめが できるのです。

（「まめ」平成17年度版学校図書「みんなと まなぶ しょうがっこう こくご 一ねん下」）

(1) まめに 水を やって、なん日か すると、どう なりますか。（　）に かきましょう。（一つ10てん）

・土が もりあがって、めが 出て くる。
↓
・小さな（　　）が 出て、くきが のびる。
↓
・（　　）の かずが ふえて いく。
↓
・花が さく。
↓
・（　　）が できる。
↓
・まめが そだつ。
↓
・まめが（　　）から はなれる。

(2) まめを 土に まくと、あたらしい まめが できるのは なぜですか。（10てん）

まめは ［　　　］ だから。

文《ぶん》しょうを よむ (せつめい文)(4)

べんきょうした日［　月　日］
じかん 20ぷん
ごうかく 40てん
とくてん　　/50てん
シール

1 つぎの 文《ぶん》しょうを よんで、といに こたえましょう。

キリンは とても ちゅういぶかい どうぶつです。

そのため、ライオンや ハイエナと いった てきを すぐに 見《み》つけられるよう、立《た》ったままで 休《きゅう》けいしたり ねむったり します。

たまに 2、3時間《じかん》ほど 足《あし》を おりたたんで すわる ことも ありますが、首《くび》は 立てたままです。

ぐっすり ねむる ときには、首を 大《おお》きく まげて 後足《うしろあし》に のせる ことも ありますが、長《なが》くても ほんの 5分《ふん》くらいです。

キリンは とても 目《め》が よく、また、せが 高《たか》いので、7、8キロメートル 先《さき》まで 見る ことが できます。

耳《みみ》も 鼻《はな》も よく ききます。

キリンの 見はりを たよりにして、シマウマなどの 草食《そうしょく》どうぶつの むれが そばに いる ことも 多《おお》く あります。

（増井光子《ますいみつこ》／監修《かんしゅう》「キリン」 金の星社刊）

(1) キリンが 立ったまま 休けいするのは なぜですか。(10てん)

（　　　　　　　　）

(2) キリンが すわる とき、首は どう なって いますか。(10てん)

（　　　　　　　　）

(3) キリンは どのくらいの あいだ ぐっすり ねむりますか。(10てん)

［　　　　］

(4) キリンが とおくまで 見る ことが できるのは なぜですか。正《ただ》しい もの すべてに ○を つけましょう。(10てん)

（　）せが たかいから。

（　）耳や 鼻が よく きくから。

（　）とても 目が いいから。

(5) 草食どうぶつが キリンの そばに いるのは なぜですか。(10てん)

（　　　　　　　　）

文《ぶん》しょうを よむ（せつめい文） (5)

じかん 20ぷん
ごうかく 40てん
とくてん　　50てん
シール

べんきょうした日（　月　日）

1 つぎの 文《ぶん》しょうを よんで、といに こたえましょう。

トンボの 目《め》は、ほそながい からだと くらべると、とても 大《おお》きいですね。（　　）、あの 目は ひとつの 目では ないのです。トンボの 目は、小《ちい》さな 目が たくさん あつまった ものです。

トンボの しゅるいに よっても ちがいが ありますが、あの 大きな 目の 中《なか》には 小《ちい》さな 目が、二万《にまん》こいじょうも ある ものも いるそうです。

トンボは、じぶんよりも 小さな 虫《むし》を えさに します。あちこち とびまわって、とんで いる 虫を さがします。たくさん ある 目の おかげで、とても 小さな 虫でも みのがさず、みつける ことが できるのです。

それから、トンボの 目は まるく ふくらんだ ドームの ような かたちを して いるので、うしろの ほうも みえて いるようです。うしろから そーっと ちかづいて つかまえようと しても、すぐ 気《き》づかれて しまうのは、その せいです。

トンボの 目のように、小さな 目が たくさん あつまった 目を 「ふくがん」と いいます。

（久道健三《ひさみちけんぞう》「かがく なぜ どうして 二年生《にねんせい》」〈偕成社〉）

(1)（　）に あてはまる ことばに ○を つけましょう。（15てん）

（　）つまり
（　）さらに
（　）でも

(2) トンボの 目は どのような ものですか。正《ただ》しい もの すべてに ○を つけましょう。（20てん）

（　）とても 小さな 虫を 見つける ことが できる。
（　）トンボの からだと おなじくらい 大きい。
（　）とても おおくの 小さな 目が あつまって いる。
（　）まるく ふくらんで いて、くうきが 入《はい》って いる。

(3) トンボの 目は なんと よばれますか。（15てん）

じかん 20ぷん　ごうかく 40てん　とくてん　／50てん　シール

べんきょうした日〔　月　日〕

1 つぎの 文《ぶん》しょうを よんで、といに こたえましょう。

オレンジ色《いろ》の 氷《こおり》なら 見《み》た ことが あると いう 人《ひと》が いるかも しれません。オレンジジュースを こおらせると、オレンジ色の かたまりが できます。表面《ひょうめん》を、そっと スプーンで けずって みて ください。ガラスの かけらのような こまかい こおりが たくさん あつまって います。これが、オレンジジュースの 中《なか》の 水《みず》が こおって できた こおりです。その 一《いち》まい 一まいは すべて 無色《むしょく》とうめい。ざんねんながら 色は ついて いません。なめて みると、味《あじ》も そんなに あまく ありません。

こんどは、コップの そこに たまって いる ジュースを 飲《の》んで みて ください。とっても こくて あまい 味が します。水分《すいぶん》が ほとんど なくなった こい オレンジジュースが、氷に おしだされ コップの そこに たまって いたのです。

海水《かいすい》よくや 遠足《えんそく》の ときに、ペットボトルの お茶《ちゃ》を こおらせて もって いった ことは ありませんか？ 少《すこ》しずつ とかしながら 飲んで みると、さいしょの 一口《ひとくち》が いつも 飲んで いる お茶の 味より こく かんじた はずです。これも、同《おな》じ 理由《りゆう》で お茶が こく なって いたからです。

（前野紀一《まえののりかず》「こおり」）

(1) ――は、なにが こおって できた ものですか。（10てん）

（　　　　）

(2) ――は、どんな 色ですか。また、どんな 味ですか。（一つ15てん）

色（　　　　）

味（　　　　）

(3) こおった お茶を とかしながら のむ ときの 味に ついて、正《ただ》しい ものを 一つ えらんで、○を つけましょう。（10てん）

（　）うすく かんじる。

（　）だんだん こく なって いく。

（　）さいしょは こく かんじる。

標準 レベル

105 文《ぶん》しょうを かく (1)

べんきょうした日〔　月　日〕

じかん 20ぷん
ごうかく 40てん
とくてん　シール　／50てん

1 つぎの ことばの カードを 正《ただ》しく つないで、文《ぶん》を つくりましょう。(一つ6てん)

① [たんじょう日《び》だ。] [あすは] [ぼくの]

(　　　　　　　　)

② [空《そら》を] [とりは] [とべる。] [じゆうに]

(　　　　　　　　)

③ [きれいだった。] [あさの] [うみは] [とても]

(　　　　　　　　)

2 □に 入《はい》る 字《じ》を あとから えらんで かきましょう。(一もん6てん)

① わたし□ あね□ 名《な》まえ□ えりです。

② きょう□ 三《さん》じ□ えき□ つきます。

③ おとうと□ いっしょ□ ふえ□ ふい□ たのしんだ。

④ ちち□ バス□ つかって えき□ 行《い》きます。

[の　と　て　に　を　は　へ]

3 つぎの えの ようすを、「わたしは」に つづくように かきましょう。(8てん)

わたしは

(　　　　　　　　)

文《ぶん》しょうを かく (1)

べんきょうした日〔　月　日〕

じかん	20ぷん
ごうかく	40てん
とくてん	50てん

シール

1 つぎの 文《ぶん》で 正《ただ》しい ほうに ○を つけましょう。(一つ6てん)

①
(　)とても おなかが すいて いません。
(　)とても おなかが すいて います。

②
(　)おそらく 雨《あめ》が ふるでしょう。
(　)おそらく 雨に ふるでしょう。

③
(　)あなたは きのう どこへ いきましたか。
(　)あなたは きのう どこへ いきますか。

④
(　)わたしは おかあさんに ほめました。
(　)わたしは おかあさんに ほめられました。

⑤
(　)あすの 天気《てんき》は きっと はれだろう。
(　)あすの 天気は けっして はれだろう。

2 つぎの 四《よっ》つの えの ないようを、じゅんに 文に かきましょう。(一つ5てん)

①

〔　　　〕

②

〔　　　〕

③

〔　　　〕

④

〔　　　〕

標準
レベル
107

文《ぶん》しょうを かく (2)

1 ～ 120（回）

べんきょうした日〔　月　日〕

じかん	20ぷん
ごうかく	40てん
とくてん	50てん

シール

1 つぎの（　）に 入《はい》る ことばを、あとから えらんで かきましょう。（一つ5てん）

① ひどく くもって いた。（　　）、雨《あめ》は ふらなかった。

② かぜを ひいた。（　　）、学校《がっこう》を 休《やす》んだ。

③ 先生《せんせい》から えを ほめられた。（　　）、さく文《ぶん》も ほめられた。

つまり　だから　ところで
しかし　あるいは　さらに

2 つぎの 文しょうの 中《なか》で まちがって いる ところに ――を ひきましょう。（15てん）

おじさんへ
　この まえは ありがとう ございました。おじさんの おはなしは おもしろいです。
また、あそびに いきたい。
おじさんも ぜひ こちらへ おいでなさい。

3 つぎの きまりに したがって、したしい 人《ひと》に 手《て》がみを かきましょう。（20てん）

（きまり）
① おれいの 気《き》もちを つたえるように します。
② 百三十《ひゃくさんじゅう》から 百五十字《ひゃくごじゅうじ》までの 文しょうに します。

130
150

上級 レベル 108

文《ぶん》しょうを かく (2)

1 つぎの 三《みっ》つの カードの 中《なか》の ことばを 一《ひと》つずつ つないで、四《よっ》つの 文《ぶん》を つくりましょう。(一つ5てん)

・さいわい　・どこまでも ・あそこに　いるのは ・いっしょに

・すみわたるような ・こうえんへ　・ケガは ・わたしの

・かるく　すんだ。 ・ともだちです。　・空《そら》だった。 ・いきましょう。

2 つぎの きまりに したがって、じぶんが しょうらいしたい ことに ついて かきましょう。(30てん)

(きまり)

① じぶんの ゆめを はじめに かきます。

② 百三十《ひゃくさんじゅう》から 百五十字《ひゃくごじゅうじ》までの 文しょうに します。

130　150

べんきょうした日〔　月　日〕

じかん 20ぷん

ごうかく 40てん

とくてん　　50てん

シール

標準レベル

109 文《ぶん》しょうを かく (3)

べんきょうした日〔　月　日〕

じかん	20ぷん
ごうかく	40てん
とくてん	50てん

シール

1 つぎの えの できごとの ないようを、じゅんに 文《ぶん》しょうに まとめましょう。（15てん）

2 つぎの ――の ことばを ていねいな いいかたに なおして、文を かきなおしましょう。（一つ5てん）

① あには 中学生《ちゅうがくせい》だ。
（　　　　）

② なつに うみへ いく。
（　　　　）

③ 夕《ゆう》やけが きれいだ。
（　　　　）

④ あなたの 本《ほん》は ここに ある。
（　　　　）

3 つぎの 文を、〔　〕の いいかたに なおして かきましょう。（一つ5てん）

① ゆっくりと はなす。
〔めいれいする いいかた〕
（　　　　）

② ここに すわる。
〔きんしする いいかた〕
（　　　　）

③ これは さくらの 花《はな》です。
〔たずねる いいかた〕
（　　　　）

上級 レベル

110 文《ぶん》しょうを かく (3)

じかん 20ぷん
ごうかく 40てん
とくてん ／50てん
シール

べんきょうした日〔 月 日〕

1 つぎの きまりに したがって、まいしゅう かならず する ことに ついて かきましょう。（25てん）

（きまり）

① なにを するかを はじめに かきます。

② 百三十《ひゃくさんじゅう》から 百五十字《ひゃくごじゅうじ》までの 文《ぶん》しょうに します。

2 つぎの きまりに したがって、じぶんが いちばん すきな ものに ついて かきましょう。（25てん）

（きまり）

① なにが すきな もの なのかを はじめに かきます。

② 百三十から 百五十字までの 文しょうに します。

じかん 20ぷん
ごうかく 40てん
とくてん　　50てん
シール

べんきょうした日〔　月　日〕

1 つぎの 文《ぶん》しょうを よんで、といに こたえましょう。

生《い》きものを さがす ときには、ふだんと ちがう 目《め》で さがす ことも たいせつです。木《き》を 見《み》あげて みると、虫《むし》や 鳥《とり》、鳥のすなどが 見つかる ことが あります。

また、木の えだや はに いる 虫を つかまえる ときには、あみや シーツを 下《した》に しいて、えだや はを ぼうで たたいて みましょう。オトシブミや クワガタムシなどが おちて きます。

じめんの 上《うえ》も よく 見ましょう。じめんを あるいて いる 虫や 鳥が います。ふだんは 気《き》に とめない 小《ちい》さな 花《はな》を 見つける ことも あるでしょう。草《くさ》むらの 草の あいだも のぞいて みましょう。バッタの なかまなどが かくれて います。また、林《はやし》の おちばの 下を 見たり、じめんを スコップで ほって みたり すると、ダンゴムシなどが います。

生きものを かんさつする ときに、ひとつの ばしょで つづけて かんさつして みましょう。じかんや きせつに よって 生きものの ようすが かわる ことが あります。あさ、ひる、夕《ゆう》がたと じかんを かえて かんさつしたり、なん日《にち》か つづけて おなじ じかんに 見に いっても おもしろいでしょう。

（小泉伸夫《こいずみのぶお》「見つけよう！ 自然《しぜん》の ふしぎ」〈ポプラ社〉）

(1) 生きものを 見つけるには どのような ほうほうが ありますか。三《みっ》つ かきましょう。（一つ10てん）

（　　）
（　　）
（　　）

(2) つぎの 虫が いる ばしょを あとから えらんで、きごうで こたえましょう。（20てん）

① ダンゴムシ（　　）
② クワガタムシ（　　）
③ バッタ（　　）

ア 木の えだや は
イ 草の あいだ
ウ じめんの 下

べんきょうした日（　月　日）

じかん 20ぷん
ごうかく 40てん
とくてん　　　50てん
シール

1 つぎの 文《ぶん》しょうを よんで、といに こたえましょう。

サンゴを 気《き》を つけて 見《み》ると、えだの さきに 「こぶ」が できて いる ことが あります。ながさは 二《に》〜三《さん》センチメートルで、ラグビーの ボールのような かたちです。

ぷっくり ふくらんだ 「こぶ」には、四《よっ》つか 五《いつ》つの 小《ちい》さな あなが 一《いち》れつに ならんで います。

こぶを わって みると、中《なか》に ながさ 一《いっ》センチメートルくらいの カニが います。サンゴヤドリガニと よばれる カニです。

カニに とって、小さな あなは とても たいせつです。カニは、あなから 入《はい》って くる 水《みず》から さんそを とりこんで、いきを して います。えさと なる 小さな 生《い》きものも、水と いっしょに 入って くるのです。あなが ふさがって しまうと、カニは しんで しまいます。

こぶの 中に すんで いるのは、メスの カニで、一生《いっしょう》 そとには 出《で》られません。オスの カニは、大《おお》きさが 一ミリメートルしか ないので、あなを とおりぬけて、中に 入る ことが できます。

（武田正倫《たけだまさつね》「サンゴと カニ『たすけあい』と『たたかい』」）

(1) つぎは 「こぶ」に ついての せつめいです。□に 合《あ》う ことばを かきましょう。（一つ10てん）

「こぶ」は、ラグビーの □□□ のような かたちで、□□□□□ が 一れつに ならんで いる。

(2) カニは 「こぶ」の 小さな あなから 入って くる 水から なにを えて いますか。二《ふた》つ かきましょう。（一つ10てん）

（　　　　）
（　　　　）

(3) この 文しょうに 合う ものに ○を つけましょう。（10てん）

（　）カニの メスは あなより 小さい。
（　）すべての サンゴに こぶが ある。
（　）カニの メスが あなから 出る ことは ない。

べんきょうした日（ 月 日）

じかん	20ぷん
ごうかく	40てん
とくてん	シール 50てん

1 つぎの□に「を・は・へ」のどれかを入《い》れましょう。（一もん2てん）

ぼく□ともだち□さそって学校《がっこう》□いきます。

2 つぎのことばをかたかなでかきましょう。（一つ2てん）

① ぼおるぺん（　　　）

② ぷらねたりうむ（　　　）

3 つぎの文《ぶん》に、てん（、）とまる（。）をつけましょう。（一もん2てん）

学校にいくのがまい日《にち》たのしくてはりきって出《で》かけます

4 つぎのかん字《じ》のかくすうをすう字でかきましょう。（一つ2てん）

① 早（　） ② 青（　）

③ 水（　） ④ 空（　）

5 つぎのかん字のよみかたをかきましょう。（一つ2てん）

① 水田（　　　） ② 森林（　　　）

③ 休日（　　　） ④ 出口（　　　）

⑤ 夕立（　　　） ⑥ 人生（　　　）

⑦ 二人（　　　） ⑧ 二十日（　　　）

6 □にかん字をかきましょう。（一もん3てん）

① □《しろ》い□《いぬ》がいる。

② □《おお》きい□《みみ》。

③ □《て》で□《くさ》をとる。

④ □《あし》を□《あ》げる。

⑤ □《ちい》さな□《むし》。

⑥ □《かい》を□《み》つける。

114 仕上げテスト ②

じかん	20ぷん
ごうかく	40てん
とくてん	/50てん

シール

1 かずを あらわす ことばを かきましょう。（一つ１てん）

① ノートが 三（　　）ある。

② くつしたを 二（　　）かう。

2 はんたいの いみに なる ことばを かん字《じ》 一字で かきましょう。（一つ２てん）

① 右 □

② 上 □

③ 男 □

④ 大 □

3 いろの ところは なんばん めに かきますか。すう字を かきましょう。（一つ２てん）

① 上（　）（　）

② 右（　）（　）

③ 耳（　）（　）

④ 赤（　）（　）

4 つぎの ことばを かん字と ひらがなで かきましょう。（一つ２てん）

① やすむ（　　）

② はいる（　　）

③ うまれる（　　）

④ ただしい（　　）

5 ——と はんたいの いみの ことばを かきましょう。（一つ２てん）

① えきまでは とおい。（　　）

② あつい 日《ひ》が つづく。（　　）

③ ここは ひろい へやだ。（　　）

6 つぎの ことばを かん字で かきましょう。（一もん３てん）

① □□□《ひゃくえんだま》を ひろう。

② □□《みょうじ》を かく。

③ □《かわ》で □□《はなび》を する。

④ □□《がっこう》の □□《せんせい》。

⑤ げん□《き》な □□《おうじ》。

⑥ □□《いとぐるま》を まわす。

1 20 40 60 80 100 120（回）

べんきょうした日〔　月　日〕

じかん 20ぷん

ごうかく 40てん

とくてん　　　50てん

シール

1 つぎの しを よんで、といに こたえましょう。

花火《はなび》　いのうえ　たけし

どんと なった
花火だ
きれいだな
空《そら》いっぱいに
ひろがった
しだれやなぎが
ひろがった

どんと なった
なん百《びゃく》
赤《あか》い 星《ほし》
いちどに かわって
青《あお》い 星
もいちど かわって
金《きん》の 星

(1) 花火の 音《おと》と かたちを あらわして いる ことばを、二字《にじ》と 六字《ろくじ》で ぬき出《だ》しましょう。（一つ10てん）

・音

・かたち

(2) 見《み》て いる 人《ひと》の 気《き》もちを あらわして いる ことばを 五字《ごじ》で ぬき出しましょう。（10てん）

(3) 花火の ようすに あてはまる ものに ○を つけましょう。（10てん）

（　）すこしずつ かたちを かえながら 音も なく ひかって いる。

（　）さまざまに いろを かえながら かがやいて いる。

（　）うすぐらく 見えて いる。

(4) 見て いる 人の 気もちに あてはまる ものに ○を つけましょう。（10てん）

（　）どきどきしながら、あきれて いる。

（　）びくびくしながら、おどろいて いる。

（　）わくわくしながら、見《み》入《い》って いる。

116 仕上げテスト ④

じかん 20ぷん
ごうかく 40てん
とくてん　／50てん
シール

1 つぎの しを よんで、とい に こたえましょう。

まきばの 子牛《こうし》
小林《こばやし》 じゅんいち

牛の 子どもが まきばに いま
した
つのも まだ ない 子どもの
牛が
ぼくが よんだら しらない か
おして
草《くさ》の はっぱと あそんで いま
した

ぼくが いつでも 牛《ぎゅう》にゅうを
のむから
それを 子牛が しって いるから
おこって いるのか まきばの
子牛
しらない かおして あそんで
いました。

(1)「牛の 子ども」が まだ おさな い ことが わかる ことばを、七字《ななじ》で ぬき出《だ》しましょう。(10てん)

［　　　　　　　］

(2)「牛の 子ども」は、「ぼく」が よんだ とき、どう して い ましたか。(10てん)

草の はっぱと（　　　　　　）

(3)「牛の 子ども」が しらない かおを したのは なぜだと 「ぼく」は おもいましたか。（　）に 入《はい》る ことばを か きましょう。(一つ10てん)

「ぼく」が（　　　　　　）のを しって いるから、（　　　　　　）と おもった。

(4) この しに あてはまる もの に ○を つけましょう。(10てん)

（　）子牛を 見《み》た ときの かなしい 気《き》もちを、こと ばで あらわして いる。
（　）子牛を 見て そうぞう した ことを かいて いる。
（　）子牛を 見て しった ほんとうの ことだけを まじめに かいて いる。

べんきょうした日（　月　日）

じかん 20ぷん
ごうかく 40てん
とくてん
シール
50てん

1 つぎの 文《ぶん》しょうを よんで、といに こたえましょう。

〔「たくや」の ともだちの 「ちかちゃん」が すむ いえの ちかくで 火事《かじ》が おこりました。〕

とつぜん、パーッと ものすごい 火《ひ》ばしらが 立《た》ち上《あが》って、あたりが （①）のように あかるく なりました。

「あっ、おとうさんだ！」

おとうさんは、うでに しっかりと、ちかちゃんを かかえて います。

たくやは、②おもわず からだを のり出《だ》すと、さけびました。

「おとうさん、がんばれ！」

すると、はるなも さけびました。

「おとうさん、がんばれ、がんばれ、がんばれ……。」

ふたりで おうえんする うちに、火は すっかり きえました。

（やった！ すごいなあ、おとうさん。）

カーン、カーン……、かねを ならして もどって いく しょうぼうしゃを、たくやは ③わくわく しながら 見《み》おくりました。

（岡《おか》 信子《のぶこ》「おとうさんは しょうぼうかん」）

(1) 文しょうの 中《なか》から 音《おと》を あらわす ことばを 三字《さんじ》で ぬき出《だ》しましょう。（10てん）

(2) （①）に 入《はい》る ことばに ○を つけましょう。（10てん）

（　）ひるま
（　）よなか
（　）ゆうがた

(3) 「たくや」の 「おとうさん」は なにを して いる 人ですか。（10てん）

（　　　　）

(4) ―②に あらわれて いる 気《き》もちに ○を つけましょう。（10てん）

（　）ひどく おびえる 気もち。
（　）むちゅうに なる 気もち。
（　）すこし ためらう 気もち。

(5) ―③に あらわれて いる 気もちに ○を つけましょう。（10てん）

（　）しずかに よろこぶ 気もち。
（　）こころを しずめる 気もち。

べんきょうした日（　月　日）

じかん 20ぷん　ごうかく 40てん　とくてん　　／50てん　シール

1 つぎの 文《ぶん》しょうを よんで、といに こたえましょう。

「ぼく」は みちで 「カニ」に 出《で》あいました。「カニ」は なぜか ずっと 手《て》を 上《あ》げつづけて いました。

「カニさん、なぜ そんなに ①手を たかく 上げて いるの。」

カニは いいました。

「それでは、ぼく 手を 下《さ》げて みようか。」

②「うん 下げて ごらん。」

「下げると、ニジが きえて いくよ。」

そう いって、カニは つめを そろそろ 下《した》に 下げました。すると、ふしぎな ことに、ニジが すーと きえて いきました。

「あああ。」

ぼくは ふしぎな 気《き》が して、そう いいました。カニの つめが おりて しまうと、まったく ニジは なくなり、あとは いちめんの 青《あお》い 空《そら》ばかりに なりました。

（坪《つぼ》田《た》譲《じょう》治《じ》「ニジと カニ」）

(1) 「カニ」は なぜ 手を 上げつづけて いたのですか。(10てん)

青い 空の [　　] が きえないように する ため。

(2) ①「手」の ことを あらわして いる ことばを ぬき出《だ》しましょう。(15てん)

（　　　　）

(3) ―②と 「ぼく」が いった りゆうに ○を つけましょう。(10てん)

（　）いったい どう なるのかと おもったから。

（　）どう なろうが 気に ならなかったから。

(4) この 文しょうに あてはまる ものに ○を つけましょう。(15てん)

（　）ほんとうに あった できごとを かいて いる。

（　）ふしぎな できごとに ついて かいて いる。

じかん 20ぷん
ごうかく 40てん
とくてん ／50てん
シール

べんきょうした日 月 日

1 つぎの 文《ぶん》しょうを よんで、といに こたえましょう。

ゆきや こおりを はこんだり、とって おいたり する ことは、むかしは とても たいへんな ことだったのです。

ひこうきも ありませんから、ゆきが ほしい ときには、とおくて たかい 山《やま》まで いって、とけないように、はしって はこんで こなければ なりませんでした。

（①）、ふゆの あいだに つもった ゆきや、いけに はった こおりを、なつに つかえるように とって おきました。

れいぞうこが なかったので、②これも たいへんな ことでした。日《ひ》の ひかりの あたらない ところに、ふかい あなを ほって、とけないように、草《くさ》を かぶせると いうように、③いろいろな くふうを して、とって おいたのです。

日本《にっぽん》でも、「ひむろ」と いう、ゆきや こおりを とって おいた あとが、あちこちに のこって います。

（さとうりょうこ「アイスクリームの はなし」）

(1) （①）に 入《はい》る ことばに ○を つけましょう。（10てん）

（　）つまり
（　）また
（　）よって

(2) ②「これ」は、どのような ことを さして いますか。（10てん）

(3) むかしには なかった ものを 二《ふた》つ さがして、かきましょう。（一つ10てん）

(4) ③「いろいろな くふう」の れいを かきましょう。（10てん）

じかん 20ぷん
ごうかく 40てん
とくてん　　　50てん
べんきょうした日（　月　日）
シール

1 つぎの 文《ぶん》しょうを よんで、といに こたえましょう。

どうして 字《じ》の こさが ちがったのでしょう。

えんぴつの しんは、くろい こくえんと いう ものを こまかく くだいて こなに して、ねん土《ど》と まぜあわせて、たかい おんどで やいて つくります。

こくえんと ねん土を まぜる とき、こくえんの りょうが おおい しんほど、こい 字を かく ことが できます。

ねん土は、こくえんの こまかな つぶを かためる はたらきを して いて、ねん土を たくさん まぜると、かたい しんと なり、うすい 字を かく ことが できるのです。

2B《ビー》、3B、4Bのように、Bの 上《うえ》の かずが 大《おお》きいほど、こくえんが たくさん 入《はい》って いるので、字が こく なります。また、H《エイチ》の 上の かずが 大きいほど、ねん土の りょうが ふえて、しんは かたく、字は うすく なります。だから、2B、3B、4Bの 中《なか》では、2Bが いちばん [①]、2H、3H、4Hの 中では、2Hが いちばん [②] なります。

(1) えんぴつの しんの ざいりょうを 二《ふた》つ かきましょう。（一つ5てん）

（　　）（　　）

(2) こい 字が かける しんを つくるには、どのように しますか。（10てん）

（　　）

(3) うすい 字が かける しんを つくるには、どのように しますか。（10てん）

（　　）

(4) [①]、[②]に 入る ことばを かきましょう。（一つ5てん）

1（　　）　2（　　）

(5) 「どうして 字の こさが ちがったのでしょう。」の こたえに なって いる ところの、はじめと おわりの 四《よ》字《じ》を かきましょう。（10てん）

□□□□ ～ □□□□

標準レベル 1 しょしゃ

解答

1 省略

2 ①あり ②うさぎ ③おに ④ぶどう

3 省略

指導の手引き

1 右のお手本の字の「とめ・はね・はらい」に気をつけて書きます。

2 ①「り」の一画目と二画目の長さ、②・④「゛」の位置に気をつけます。

3 正しい文字で、ていねいに書きます。

上級レベル 2 しょしゃ

解答

1 省略

2 ①いぬ・いえ ②そら・くも ③いわ・つり

3 省略

指導の手引き

1 一字ずつのますがないですが、大きさをそろえ、文字の中心ががたがたにならないように、縦をそろえて書きます。

注意 正しい筆順で書くと、字のバランスも整うようになります。特に①の「せ」の筆順に注意します。

2 絵の様子を文で表しているので、当てはめる言葉の順番にも気をつけます。

標準レベル 3 ひらがな(1)

解答

1 ①え ②き ③さ ④つ ⑤の

2 ①あめ ②うし ③かき ④くつ ⑤せみ ⑥にじ ⑦はち ⑧さかな ⑨たたみ ⑩きつね ⑪すいか ⑫ぬりえ

3 な・さ・お

指導の手引き

1 「ひらがな(1)」では、「あ〜の」の練習をします。ひらがなの読み書きの基本は、五十音順をしっかり覚えることです。「あ・か・さ・た・な」と、横の並びを覚えるのも効果的です。

2 「き」と「さ」、「め」と「ぬ」など、字形が似ている字に注意します。

3 文の意味を考えて、当てはまるひらがなを書きます。書き終えたら、声に出して読んで確認します。「きれい□」は、「な」と「に」で迷いますが、前後のつながりから、「な」が正しいとわかります。

上級レベル 4 ひらがな(1)

解答

1

な	た	さ	か	あ
に	ち	し	き	い
ぬ	つ	す	く	う
ね	て	せ	け	え
の	と	そ	こ	お

2 ①いちご ②さいふ ③くすり ④てつぼう ⑤わたがし ⑥にんじん

3 れい (あ)あめ・あかずきん (か)かめ・かさ (さ)さくらんぼ・さかな (た)たまご・たき (な)なふだ・なわとび

4 ①か ②た ③さ ④け ⑤き ⑥お ⑦く

指導の手引き

1 2 「あ〜の」を、五十音順に声に出しながら書いていきます。間違っている字は、どれも鏡文字（左右が逆）になりやすい字です。一画目に気をつけると、間違いがふせげます。

3 「あ・か・さ・た・な」だけではなく、「い」など、他の字でも考えるとよいでしょう。

4 上下の言葉で当てはめやすいほうから考えて、それがもう一方にも当てはまるかを確認します。③は「な」も当てはまるように思えますが、上が物の名前にはならないので間違いです。

標準レベル 5 ひらがな(2)

解答

1 ①ひ ②も ③や ④る ⑤わ

2 ①ふえ ②ひげ ③やり ④ゆき ⑤まめ ⑥さら ⑦もも ⑧けむし ⑨わなげ ⑩ほたる ⑪せんろ ⑫はさみ

3 ひ・ん・り

指導の手引き

1 「ひらがな(2)」では、「は〜ん」の練習をします。ここでも、「は・ま・や・ら・わ」と、横の並びを覚えるのが効果的です。

2 「は」と「ほ」など、字形が似ている字に注意します。

3 文の意味を考えて、当てはまるひらがなを書きます。

ポイント 「は」「ほ」は鏡文字になりやすい字です。最初に覚えるときに、筆順、字形を正しく覚えるようにします。

上級レベル 6 ひらがな (2)

☑解答

❶

は	ひ	ふ	へ	ほ
ま	み	む	め	も
や	い	ゆ	え	よ
ら	り	る	れ	ろ
わ	い	う	え	を

❷ ①あかり ②かかり ③はかり ④ひかり

❸ (ま)まないた・まど

れい (は)はり・はと

(や)やま・やどかり

(ら)らくだ・らっぱ

(わ)わに・わなげ

❹ ①ふ ②め ③ゆ ④ろ ⑤や

指導の手引き

❶❷ 「は～を」を、五十音順に声に出しながら書いていきます。一字目が異なる三字の言葉です。書かれている言葉を正確に読み、意味を正しくとらえ、文に合う言葉を選びます。①と④で迷いますが、④は太陽なので、あかり(明かり)ではなく、ひかり(光)となります。

❸❹ 思いつかない場合は、自分の身の周りのもので考えます。当てはめやすいものから考えます。③は少し難しいですが、「まゆげ」から考えると解きやすくなります。

標準レベル 7 ひらがな (3)

☑解答

❶

が	ぎ	ぐ	げ	ご
ざ	じ	ず	ぜ	ぞ
だ	ぢ	づ	で	ど
ば	び	ぶ	べ	ぼ
ぱ	ぴ	ぷ	ぺ	ぽ

❷ (〇を つける もの)①ひだり ②みぎ ③みぎ ④ひだり ⑤みぎ

❸ ①おおごえで ②あおぞらが ③えんぴつで ④さんぽを

❹ ①ながぐつ ②てぶくろ ③けしごむ ④くじびき ⑤だいこん ⑥のこぎり

指導の手引き

❶ 「ひらがな (3)」では、おもに濁音、半濁音の練習をします。濁音の「゛」は内側の点から書き、半濁音の「゜」は、文字の右上に打ちます。

❷ 一字一字よく見て発音すると、間違っているものに気がつきます。

注意 ①「くき」と「くぎ」のように、濁点をつけるかつけないかで意味が変わるものがあることに注意します。

❸ 一度声に出して読んでみると、わかりやすいです。文の意味を考えながら、濁音になるか半濁音になるかを注意して読みます。

ポイント 半濁音になるのは、「は行」(ぱぴぷぺぽ)しかありません。

上級レベル 8 ひらがな (3)

☑解答

❶ ①か・と・へ ②し・た ③ふ・す・ち ④そ・は・ほ・き

❷ ①ぷ ②ぽ ③ぱ ④ぴ

❸ ①ず ②だ ③ぐ ④で ⑤び

❹ あめが ふって きたので、かっぱを きて かえりました。みずたまりの なかを あるいた とき、かえるが でて きて おどろきました。

❺ ①ふでばこ ②むしかご ③わたがし ④おにぎり ⑤なわとび ⑥てつぼう

指導の手引き

❶ 一字一字に濁音の「゛」をつけて読んでみると、濁音にならないひらがなに気づくことができます。

❷ 濁音同様、一字一字に半濁音の「゜」をつけて読んでみます。

❸ 上下の言葉で、当てはめやすいものから考えます。①は「る」もあてはまるように思えますが、下が物の名前にはならないので間違いです。

❹ 声に出して読み、文の意味を考えながら、濁音の「゛」、半濁音の「゜」をつけます。

❺ 答えを書いたあとは、声に出して読んで確認します。

9 最上級レベル ①

☑解答

❶ ①し ②も ③ぽ ④う ⑤ん

❷ ①ひまわり ②ふんすい ③どんぐり ④さくらんぼ ⑤だんごむし ⑥うえきばち

❸ ふでばこ

❹ みんな~~て~~で かくれん~~ほ~~ぼを して あそ~~ひ~~びました。

おとこのこは す~~く~~ぐに ~~と~~どこかに かく~~し~~れました。

わたしは きの か~~け~~げに かくれました。

❺ ①げた ②そで ③かば ④くぎ

解答

指導の手引き

2 清音・濁音・半濁音を、正確に書けているか確認します。字形の似ている字を間違っていたり、鏡文字を書いていたりした場合は、五十音順に書く練習から復習するとよいでしょう。

3 見当がつけやすい言葉から考えて、ほかの言葉にも当てはまるかを確認します。

4 にごる音になる部分を、まず探すようにします。文の意味を考え、一字一字確認しながら声に出して読むことで、誤りの字に気がつきます。

5 どちらの字にも濁点がつけられます。どちらにつければ言葉になるのかを確認していきます。

10 最上級レベル ②

解答

1 れい ①もも・ちち ②ひび・あご

2 ①いのしし ②ざぶとん ③むしめがね ④かたつむり ⑤ゆきだるま ⑥こいのぼり

3 えはがき・こもりうた・いとでんわ・なつやすみ・にわかあめ(順不同)

4 れい そば・たこ・うなぎ・とざん・はさみ

指導の手引き

1 思いつかなければ、五十音表を見ながら考えるとよいでしょう。

ポイント 遊び感覚を取り入れることで、考える力がつき、語彙も増えます。

2 絵をよく見て、描かれているものを声に出してから書くと、わかりやすくなります。

3 すべての言葉を使うので、使った言葉を消していきながら言葉を作ります。

注意 このような言葉を複合語といいます。複合語になったときに濁る言葉(例 うら＋とおり＝うらどおり)にも注意しましょう。

4 二字の言葉より、三字の言葉のほうが作りやすいです。3と同様に、使った字を消していきながら考えます。

11 標準レベル ちいさい じの ある ことば (1)

解答

1 (○を つける もの)①みぎ ②ひだり ③みぎ ④ひだり ⑤ひだり ⑥みぎ

2 ①っ ②ょ ③っ ④ゃ ⑤ゅ ⑥ゅ ⑦ゃ

3 ①ひゃ・ひゅ・ひょ ②みゃ・みゅ・みょ ③ちゃ・ちゅ・ちょ ④じゃ・じゅ・じょ

4 ①しっぽ ②かぼちゃ ③しゃしん ④ちゅうしゃ

指導の手引き

1 絵に描いてあるものを声に出して言ってみると、どちらが正しいかがわかります。つまる音(促音)は、小さい「っ」となります。

2 小さい字「ゃ・ゅ・ょ・っ」は、ますの右上に書きます。拗音《ようおん》の書き方、発音の仕方に慣れる練習です。

3 4 ヒントを示しているので、文字数に合うように正しく書きます。小さい字とわかるように、大きさの区別をつけて書くことが大切です。

ポイント 答えを書いたあとは、書いた言葉を声に出して読むようにすると、間違いに気づくことができます。

12 上級レベル ちいさい じの ある ことば (1)

解答

1 ①よ ②や ③ゆ・ゆ・や ④や・つ

2 ①にょろにょろ ②きょろきょろ ③ちょろちょろ

3 ①ちょっと やすむ ②ひゃっかてんに いく ③じゅぎょうを うける ④すこし きゅうけいする

4 ①あかちゃん ②がっこう ③ほっぺた(ほっぺ・ほお) ④くじゃく ⑤じゃがいも ⑥じてんしゃ ⑦まつぼっくり

指導の手引き

1 声に出して読み、大きい字のままで読む場合と、促音・拗音にして読む場合の発音の違いを確認してから答えます。小さく書く字が、③は三字、④は二字あります。

注意 ④の「ひゃっぴき」は、小さく書く字が二つ続くことに注意します。

2 正しく発音して、そのものの様子を表す言葉を選びます。

3 ますがありませんが、小さく書く字「ゃ・ゅ・ょ・っ」と他の字との大きさの違いを意識して書くようにします。

4 何の絵かわからないようであれば、ヒントとして、文字数や一文字目を教えると効果的です。

13 標準レベル ちいさい じの ある ことば (2)

解答

1 ①× ②○ ③○ ④× ⑤×

2 ①ゃ ②ょ ③ゅ ④っ

3 ①ゃ・っ ②っ・っ ③っ・っ ④ょ・ゅ

4 ①ちょうちん ②ちょきんばこ
③しゃぼんだま ④しょうぼうしゃ

指導の手引き

1 ①あくしゅ、④ひょうたん、⑤やっこだこ が正しい表記となります。拗音《ようおん》・促音を正しく読むことができれば、間違いに気づきます。

2 わかりやすいものから文字をうめて、他の言葉にも当てはまるかを確認します。

3 ④はどちらも「き□う」の言葉で難しいですが、前後の内容を読み取って考えます。

4 書き終えたあと、書いた言葉を声に出して確認するようにします。

上級レベル 14 ちいさい じの ある ことば (2)

解答

1 ①つ・つ・つ ②つ・つ・つ ③や・つ・よ・よ・つ

2 ①ゃ・ょ・っ・ゃ・ょ ②っ・ゃ・っ・ょ・ゃ・っ ③ょ・ょ・ゃ・ゅ・ょ

3 ①しょう~~ゆ~~→しょうゆ・お~~っ~~かい→おつかい
②まりち~~や~~ん→まりちゃん・ひ~~やっ~~かい→ひゃっかい
③よ~~つ~~かご→よっかご・し~~ゆ~~っぱ~~っ~~→しゅっぱつ

指導の手引き

1 声に出して読み、拗音・促音の言葉が小さい字で書かれているかを確認します。

2 「ゃ・ゅ・ょ・っ」のどれかを入れます。文の内容も考えて、ふさわしい言葉を考えます。

注意 小さい字とわかるように、ますの右上に小さく書きます。

3 ②「ひゃっかい」、③「しゅっぱつ」は、小さい字を二字続けて書く言葉です。同じような言葉に、「ちょっと」「しょっき」「ひゃっかてん」などがあります。正しく読み書きできるように、しっかりと練習します。

標準レベル 15 のばす おんの ある ことば (1)

解答

1 ①あ ②い ③う ④え

2 (○を つける もの)①みぎ ②ひだり ③ひだり ④みぎ

3 ①ほおずき ②がっこう ③おおかみ ④おとうと ⑤せんせい ⑥じどうしゃ

4 ①ぞう ②すいとう ③こうもり

指導の手引き

長音は、ア列は「あ」、イ列は「い」、ウ列は「う」、エ列は「え」で書き表しますが、オ列は「う」と書きます。ただし、オ列の場合、「とおり」などのように、「お」と書くものがあるので注意します。また、ひらがな表記の場合は、かたかなで使う長音を表す「ー」は使いません。

注意 右の説明にあるように、オ列の場合に特に注意が必要です。「ほのお」「ほおずき」など、オ列でも「お」と書くものは、まとめて覚えるとよいでしょう。

上級レベル 16 のばす おんの ある ことば (1)

解答

1 (○を つける もの)①なか ②なか ③ひだり ④なか ⑤みぎ ⑥みぎ

2 ①とけい ②ろうそく ③とうだい ④ほうき ⑤こおろぎ

3 ①○ ②~~お~~→う ③~~え~~→い ④~~お~~→う

指導の手引き

1 すべて、伸ばす音が二字含まれる言葉です。まずは声に出して読み、確認します。

2 ⑤原則ではオ列で「う」となるところですが、例外的に「こおろぎ」と表記します。

注意 ①は原則とは異なり、「とけえ」ではなく、「とけい」と表記します。

3 どれも長音の原則どおりの表記となる言葉です。

標準レベル 17 のばす おんの ある ことば (2)

解答

1 ①う・お ②う・い

2 ①う ②お ③い ④う ⑤お

3 ①へい・ていねい ②きょう・かたほう・ろうか ③げつよう・けんどう・けいこ・どうじょう

指導の手引き

1 同じオ列でも、「とおる(通る)」と「ひこうき」で表記が異なります。

2 ②の言葉が原則と異なる表記です。これらはまとめて覚えます。

3 ①の「へい」「ていねい」、③の「けいこ」が原則とは異なる表記です。発音とは違うので注意します。

上級レベル 18 のばす おんの ある ことば (2)

解答

1 ①う・お ②う・い・う ③い・う・う

④う・お・う・い　⑤う・お・う・う・い

2 ①にちよ~~お~~び→う・こ~~お~~えん→う
②と~~う~~→お
③りょこ~~お~~→う・ちょ~~お~~じょ~~お~~→う・う
④きょ~~お~~→う・かれ~~え~~→い

指導の手引き

1 長音の表記に注意するのはもちろんですが、どんな言葉が入るかを、文のつながりから考える必要があります。④は「ほっかいどう」とあるので、二つめの□の言葉は「おおゆき(大雪)」だとわかります。

2 正しい表記の言葉もあるので注意します。

19 最上級レベル ③

解答

1 ①わっと・はっと
②やっきよく・いっしょに
③しょうがく・なったのだから・ちゃんと・べんきょうしたいです
④おばあちゃんが・ふっくらと・いっぱい
⑤ひやっかてん・じょうぎや・もんだいしゅうを・かって・ちゅうしょくを

2 ①い・う・う・お　②う・お・お
③い・う・い・い　④う・う・い・お

指導の手引き

1 声に出して読みながら答えるようにします。⑤「ひゃっかてん」は、小さく書く字が続きます。

2 長音表記の原則と例外を区別するようにします。

ポイント
学習した言葉も扱っています。同じ間違いを繰り返す場合は、長音表記の原則と例外の言葉をしっかりと復習するようにしたいところです。

20 最上級レベル ④

解答

1 (○を　つける　もの)①みぎ　②みぎ
③なか　④なか

2 ①ゅ・っ・ょ・ょ　②ゃ・っ・ょ・ゅ・ゃ

3 ①こ~~お~~じを→う・な~~つ~~た→っ・くろ~~お~~して→う・と~~う~~りました→お
②お~~う~~あめ→お・て~~え~~でんして→い・さむか~~つ~~たので→っ・も~~お~~ふを→う

指導の手引き

1 伸ばす音と小さく書く字についての問題です。一つ一つの言葉を、一字ずつ丁寧に確認します。

---

2 ①二十八日(ようか)とは言わないので、二十四日(よっか)となります。

ポイント
複数の選択肢や言葉がある場合は、間違っているものを斜線で消すなどして、問題の解き方にもなれるようにするとよいでしょう。

3 1と同様、伸ばす音と小さく書く字の誤りがあります。文の意味を考えながら解いていきます。

注意 字の大きさにも注意して書きます。

21 標準レベル 「わ」と「は」の つかいかた

解答

1 ①は　②わ　③わ　④わ　⑤わ

2 (○を　つける　もの)①ひだり・みぎ
②みぎ・ひだり

3 ①こんにちわ。→は
②ゆびはを　はめる。→わ
③ははわ　やさしい。→は
④せっけんの　あは。→わ
⑤そらにわ　ほしが　でて　いる。→は

4 ①は・わ　②わ・は

指導の手引き

1〜4 「わ」も「は」も『ワ』と発音するので、気をつけます。助詞の「は」は、主語を示したり強調したりするときに使います。

22 上級レベル 「わ」と「は」の つかいかた

解答

1 ①は・は　②は・わ　③は・わ　④わ・は
⑤は

2 ①○　②×

3 ①はらっぱには　くわがたが　います。
②みかんの　やわらかい　かわを　むきましょう。
③なつに　なると、わたしは　うきわで　およぎます。ねえさんは　わたしより　はやく　およげます。
④はだしでは　あるけないので、むかしの　ひとは　わらで　わらじを　あんで　はきました。

指導の手引き

1 主語を表す「は」は、『ワ』と発音するので、間違いやすい言葉です。文の構造をよく見て書きます。

2 ②「てんきよほうでわ」は、「てんきよほうでは」が正しい書き方です。

3 「は」と「わ」はよく間違える言葉なので、ふだんから注意しましょう。

注意 音と文字が一致しない場合があるので、一致しない時の言葉や言い方を覚えておくとよいでしょう。

23 標準レベル 「お」と「を」の つかいかた

解答

1 ①を ②お ③お ④を ⑤お

2 (○を つける もの)①ひだり・ひだり ②みぎ・ひだり

3 ①をはようございます。↓お
②おどりお ならう。↓を
③おいしい をにぎり。↓お
④むしお つかまえる。↓を
⑤をんがくの じかん。↓お

4 ①を・を ②お・を

指導の手引き

1～4 「お」も「を」も『オ』と発音するので、気をつけます。助詞の「を」は、対象や場所、起点を示します。

24 上級レベル 「お」と「を」の つかいかた

解答

1 ①お・お ②を・お ③お・を ④お・を ⑤お・お

2 ①× ②○

3 ①あさがおを まいにち かんさつします。
②おいしい おやつを たべましょう。
③おとうさんが つりに いって、おさかなを とって きました。ぎんいろの からだを して いました。
④おおきな ふうせんを ふくらませて、おうちの ひとと あそびました。とても とおくまで とびました。

指導の手引き

1 「わ」と「は」と同じように、「お」と「を」も間違えやすい言葉です。特に①や④にあるように、「とおい」「おおきい」は注意が必要な言葉です。

2 ①「をとうとと」は「おとうとと」が正しい書き方です。

25 標準レベル 「え」と「へ」の つかいかた

解答

1 ①え ②へ ③へ ④え ⑤へ

2 ①へ ②え・へ ③え・え

3 ①こうえんえ いきます。↓へ
②ねへさんの かばん。↓え
③かへるの なきごえ。↓え
④どこえ いくの。↓へ
⑤くらくて みへません。↓え

4 ①え・え ②へ・え・へ

指導の手引き

2 方角や対象を表す助詞「へ」と、言葉の一部の「え」の使い分けを練習するとよいでしょう。

3 ②伸ばす音に「へ」は使えません。

4 「え」と「へ」を当てはめた文を読んで、「え」と「へ」の使い方をしっかり覚えましょう。『エ』と発音する「へ」は、助詞です。

注意 言葉のはじめに『エ』と発音する「へ」は使いません。

26 上級レベル 「え」と「へ」の つかいかた

解答

1 ①え・え ②へ・へ ③え・え ④え・え ⑤へ・え

2 ①○ ②×

3 ①せんせいに あいさつを して、かえりました。
②たのしい ことばを かんがえて、みんなで かみに かきました。
③おとうさんへ おくる てがみを かいて、はこの なかへ しまって おきました。
④ごがつの すえに なって、あたたかく なり、かえるが およぐのを みました。

指導の手引き

1 助詞の「へ」に注意します。

2 ②「ささへて」→「ささえて」となります。

3 「へ」と「え」に注意して、間違いを見つけます。

27 標準レベル 「は」「を」「へ」の つかいかた

解答

1 ①は ②を(は) ③へ(は) ④を(は) ⑤へ(は)

2 ①は ②を ③へ ④は

3 ①は ②へ ③を ④は・を ⑤は・を・へ

指導の手引き

1 前後の言葉から文の意味を考え、「は」「を」「へ」を当てはめたら、声に出して読んで確かめます。

2 書き直したら、文をよく読んで、「は」「を」「へ」の使い方を覚えます。

3 前後の言葉から、当てはまるものを考えるとよいでしょう。

28 上級レベル 「は」「を」「へ」の つかいかた

解答

1 ①は・を ②は・へ ③へ・は ④を・は ⑤は・へ

2 ①がっこう~~え~~ いくに~~わ~~ この みちを とおります。
②あねは え~~お~~ みるのが すきで、よく びじゅつかん~~え~~ いきます。

3 ①あすは わたしの たんじょうびなので、ともだちを いえへ まねきました。
②がっこうへ いって、ともだちの はなしを きくのは たのしいです。
③うみの なかへ はいって いくのは こわいので、わたしは おかあさんの となりへ いって、はなれません。

指導の手引き

1 助詞の「は」は、主語を示したり強調したりするときに使います。「へ」は、対象や方角、帰着点を、『を』は、対象や場所、起点を示します。当てはめたあと、もう一度文を読んで確認するとよいでしょう。

2 『エ・オ・ワ』と発音するものに注意します。

3 「わ」「お」「え」に注意して、間違いを見つけます。

29 最上級レベル 5

解答

1 (○を つける もの)①中 ②右 ③中 ④左

2 ①へ・を(は) ②へ・は ③を・は・は ④は・を・へ

3 ①か(は)いい→わ
②いき(お)→を
③あね(わ)→は
④か(へ)ります。→え
⑤お(を)きな→お

指導の手引き

1 「は」「を」「へ」「わ」「お」「え」に注意して、言葉の意味を確認しながら読んでみます。

2 「は」「を」「へ」を当てはめて、文の意味が通るように考えます。

3 文の意味を考えて、間違いを見つけます。名詞や動詞などの言葉にある「は・へ」を、『ワ・エ』と発音することはありません。

30 最上級レベル 6

解答

1 ①は・は・お・を ②は・は・は・お

2 れい よく ねぼうを するのは おとうとです。

3 ①わ・え(順不同) ②を・え(順不同)

指導の手引き

1 文が不自然にならないように注意しながら、字を当てはめます。「お」や「を」のように、まぎらわしいものに注意します。①は「おとうと」が走っているという内容に合わせて、応援するのが「わたし」となるようにします。

2 「よく」から始まっているので、それにふさわしい言葉を主語にもってきます。

3 正しく直した結果、使わなかったものを書き出します。①「ははわ」の「わ」を「は」に、「しゅうじお」の「お」を「を」に、「をかあさん」の「を」を「お」に、「いいえ」の「え」を「へ」に直します。「わ・え」が使わなかったものです。
②「わたしわ」の「わ」を「は」に、「おがわえ」の「え」を「へ」に、「かはいい」の「は」を「わ」に、「をどろきました」の「を」を「お」に直します。「を・え」が使わなかったものです。

注意 かなづかいには、規則に当てはまらないものが多く、テストではそれがよく出題されるので、注意します。

31 標準レベル まると てん (1)

解答

1 ①× ②× ③○ ④×

2 ①くじけそうでしたが、さいごまで がんばりました。
②とても さむかったので、だんぼうを つけました。
③うみに いる くじらは、さかなの なかまでは ありません。
④おちゃを のみますか、それとも ごはんを たべますか。

3 ある もりに ちいさな おんなのこが すんで いました。おんなのこは にんぎょうが すきなので、たくさん あつめて いました。おんなのこは おきにいりの にんぎょうと いつも いっしょに ねむりました。

4 ①なつに なったら、あさがおを うえます。
②となりで かって いる いぬは、よく ほえ

ます。
③とおりの　むこうには、ぶんぼうぐやさんが　あります。
④えんがわは　あたたかいので、ねこが　だいすきな　ばしょです。

指導の手引き

1 ④正しくは「ぎゅうにゅうを｜のんでから、｜でかけます。」となります。
2 ④どちらかの選択を問いかける文で、意味が前半と後半で分けられます。
3 それぞれの文の終わりを意識するようにします。
4 ④理由を説明した部分と結果を述べた部分とに分けられます。

注意 文を接続する言葉(接続語)のあとには、読点(、)をつけることが多いです。

上級レベル 32 まると てん (1)

解答

1 (×を　つける　もの)①・②・④
2 さむいので　つららが　なんぼんも　ぶらさがって、あさひが　あたる　ときには　きらきらと　かがやいて　います。
3 かぞくで　おんせんに　いきましたが、わたしは　なんかいも　おんせんに　はいると　きぶんが　わるく　なるので、へやに　いました。よる　おそく　なって、いっかいだけ　おんせんに　はいりました。
4 いえの　かだんには　めずらしい　はなが　あります。おとうさんも　おかあさんも　はなが　だいすきなので、よく　かって　きます。しんせきの　おじさんは　はなを　そだてるのが　とくいで、うちに　きては　おとうさんと　はなして　います。
わたしも　いつか　じぶんの　いえに　かだんを　つくって　たのしみたいと　おもいます。

指導の手引き

1 ①「しずんで」のあとの読点は不要です。②正しくは「そこに｜おいたよ、｜と　かあさんが｜いうけれど、どこにも｜みあたりません。」となります。④正しくは「わたしのまちは、｜すむ　ひとが　ふえつづけて　いて、｜とても｜にぎやかです。」となります。
2 一つだけ読点を打つ場合、文全体で最も大きな意味の切れ目に打ちます。「さむいので　つららが　なんぼんも　ぶらさがって(います)」ということと、「(そのつららは)あさひが　あたる　ときには　きらきらと　かがやいて　います」ということが述べられています。
3 文をつなぐ言葉(接続語)で区切ると、文の意味がわかりやすくなります。

ポイント 意味が大きく分かれるところに読点を打ちます。

4 そのまま文を続けると意味がわかりにくいところには「、」を、また、文の終わりには「。」をつけます。

標準レベル 33 まると てん (2)

解答

1 ①なんて　きれいなのだろう、この　おとは。
②なかよく　あそぼうね、あすも　また。
③そらが　くらすぎて　どこにも　みえないね、あの　あかるい　ほしは。
2 ①きつねは　やまの　おくに　すんで　いて、いぬに　よく　にて　います。けれど、ひとに　なつく　ことは　あまり　ありません。
②ともだちと　あそびに　いこうと　すると、くらく　なる　まえに　かえって　いらっしゃいと　おかあさんが　いつも　いいます。くらく　なる　ころに　かかる　まちの　ほうそうを　きいて、わたしは　いえに　かえります。
3 ①ぼくは　おこりながら、はしる　おとうとを　おいかけました。
②ぼくは、おこりながら　はしる　おとうとを　おいかけました。
③にいさんが　のこした　ぎゅうにゅうを、ぜんぶ　のみました。
④にいさんが、のこした　ぎゅうにゅうを　ぜんぶ　のみました。

指導の手引き

1 どの文も、述語が先に来ている(倒置)文です。述語のあとに「、」(読点)を入れると、意味が取りやすくなります。
2 二つずつつけるので、どこにつけるのが最もよいかを考えます。限定、条件を表す前置き文のあとには、「、」(読点)をつけると意味が伝わりやすくなります。場面をしっかりとらえて読むようにします。
3 「、」(読点)を入れる場所によって文全体の意味が変わることに注意します。

上級レベル 34 まると てん (2)

解答

1 ①そらが　くらく　なったと　おもったら、かみなりが×なりだして、はげしい　あめが　ふりだしました。わたしは　のきさきに×かくれて、

あめが　やむのを　しばらく　まちました。
②おまつりが×ちかいので、ゆかたを　つくって
もらいました。わたしは　ゆかたを　きた　こと
が　なかったので、どう　やって　きるのか、わ
かりませんでした。おばあちゃんが　しんぱいし
て　くれて、やさしく　おしえて×くれました。

2 ねこは、いろが×みえないそうです。よる　か
つどうする×どうぶつは、みな　みえないそうです。

3 ①おとうさんは　たのしそうに　わらいながら、
おどる　あねに　はなしかけます。
②おとうさんは、たのしそうに　わらいながら
おどる　あねに　はなしかけます。

4 ちょっと　なまいきだけれど、いつも　げんき
な　いもうとは、よく　ぼくの　へやに　やって
きては、ぼくが　もって　いる　ほんを　かりて
いきます。いもうとの　がっきゅうでは、よんだ
ほんの　かずを　きそって　いるそうです。

指導の手引き

1 読点が多すぎると、かえって読みにくい文になってしまうことに気づくとよいです。

2 声に出して文を読み、「、」や「。」をどこにつけるのがよいかを考えます。

3 「、」(読点)を入れる場所によって、文全体の意味が変わってしまいます。場面をしっかりとらえます。

4 そのまま文を続けると意味がわかりにくいところに「、」を打ちます。

ポイント

読点(、)をつけるルール
①文の主語となる言葉のあと
②役割が同じ言葉がならぶとき
③述語が二つ以上あるとき
④同格(イコール)関係の言葉の間
⑤限定、条件を表す前置き文のあと
⑥時、場合などを表す言葉が文全体を限定する場合、その言葉のあと
⑦接続語のあと
⑧文のはじめに用いる副詞のあと、よびかけ・応答などの言葉のあと
⑨主語が文の中間に置かれた場合、その前
⑩会話文等「　」でかこむ場合、「　」の前
⑪読みにくさをさける場合
⑫息の切れ目

標準レベル 35 「　」の　つかいかた

解答

1 ①ともだちに「さようなら。」と　いいました。

②せんせいに　あったので、「おはようございま
す。」と　いいました。
③かさを　わすれて　こまって　いたら、ともだ
ちが「わたしのを　かして　あげるよ。」と　い
って　くれました。

2 おにいさんは　どうぶつに　くわしいので、わ
たしは　よく　しらない　どうぶつの　ことを
たずねます。
「これは、なに。」と　たずねると、「それはね、
さるの　なかまだよ。」と、やさしく　おしえて
くれます。
わたしも、どうぶつに　ついて　くわしく　な
りたいです。

3 (×を　つける　もの)②・③

4 えんぴつを　かいに　いって、「いくらですか。」
と　たずねたら、おねえさんが「ひゃくえんで
す。」と　ほほえんで　くれました。わたしは
×おかねを　はらって×　かえりました。

指導の手引き

1 「　」をつける部分を見つけるときは、「と」に着目します。「と」の上までが会話部分になることが多いからです。

2 人が言っている言葉の部分を「　」でくくります。ここでは、「おにいさん」と「わたし」の言った言葉が一つずつあります。

3 ②「。」(句点)は、「　」の中に入れます。③会話部分は「いま　すぐ、いきます。」となります。

注意　「　」をつけるときには、「。」(句点)まで入れるようにします。

上級レベル 36 「　」の　つかいかた

解答

1 おともだちと　きょうしつで　おはなしを　し
て　いました。「こんどの　なつやすみは　どこ
かへ　いくの。」と　わたしが　たずねると、お
ともだちは「おばあちゃんの　いえへ　いくよ。」
と　こたえました。「だれと　いっしょに　いく
の。」と　わたしが　きくと、「おかあさんと　お
にいちゃんとだよ。」と　おしえて　くれました。

2 「おとなに　なったら　どう　なるだろうか。」
と　かんがえました。「きっと　おおぜいの　な
かまに　かこまれて　いっしょうけんめい　はた
らいて、いつかは　おとうさんと　おかあさんみ
たいに　かぞくを　つくるのだな。」と　おもい
ました。

3

「おなかがすい	たよ。」	と、かあさんに	いったら、	「おやつをどう	ぞ。」	といわれて、お	まんじゅうをも	らいました。	おいしくいた	だきました。

指導の手引き

1 「 」をつける文を見つけるときは、「と」に注目します。「と」の上までが会話部分になることが多いからです。

2 「かんがえました」や「おもいました」という言葉に注目します。

3 分かち書きにしないで書くことに注意します。

37 標準レベル かたかな(1)

解答

1 ①フランス ②アイロン ③マラソン ④ネクタイ ⑤レストラン

2 ①コアラ ②エプロン ③ランドセル ④カンガルー ⑤ヘリコプター

3 ①ク~~ロ~~ヨン→レ ②モノレ~~エ~~ル→ー ③~~ナ~~ガホン→メ ④オ~~オ~~トバイ→ー ⑤~~ン~~フトクリ~~イ~~ム→ソ・ー

指導の手引き

1 似ている形を間違えずに書けるようにします。「ア」「マ」や「ソ」「ン」などに注意します。

2 ④⑤では、伸ばす音はひらがなの場合と違って、音引き「ー」で表すことに注意します。

3 ②④⑤の伸ばす音は、いずれも「ー」で表します。

38 上級レベル かたかな(1)

解答

1 ①ロボット ②キャップ ③コロッケ ④クッキー ⑤リュックサック

2 ①てえぶる→テーブル・ふるうつ→フルーツ ②ぶるどおざあ→ブルドーザー・えんじん→エンジン ③まま→ママ・ぷりん→プリン ④かれんだあ→カレンダー・ぱんだ→パンダ ⑤しいそお→シーソー・あいすくりいむ→アイスクリーム

---

3 ロケット・メロン・ウインナー(ソーセージ)・ハムスター・オルゴール(順不同)

指導の手引き

1 小さく書く字である「ャ・ッ・ュ」に注意します。

2 伸ばす音や濁る音が多くあるので、注意します。

3 ふだんの生活の中で、かたかなで表されるものに気づくようにするとよいでしょう。

ポイント 国語辞典では、「ー」を含む外来語は、「ー」の直前の字に含まれる母音(「アイウエオ」)に置きかえて探します。

39 標準レベル かたかな(2)

解答

1 ①バスケットボール ②オーストラリア ③ジャングルジム

2 ①ゴホゴホ ②ゴロゴロ ③パラパラ ④リンリン

3 ①すきっぷ→スキップ・ちゅうりっぷ→チューリップ ②ぶろっこりい→ブロッコリー・おむらいす→オムライス ③てれび→テレビ・にゅうす→ニュース ④ばったあ→バッター・ほおむらん→ホームラン ⑤ないふ→ナイフ・ふぉおく→フォーク ⑥ぴあの→ピアノ・ぎたあ→ギター

指導の手引き

1 ①②「ぼお」は「ボー」、「おお」は「オー」と、それぞれ伸ばす音に注意して書くようにします。

2 音を表す語(擬音語)は、かたかなで表記します。

3 伸ばす音やつまる音がどこにあるかに注意しながら書きます。

注意 「ッ・ャ・ュ・ョ」を書くときは、大きさと書く位置に注意しましょう。

40 上級レベル かたかな(2)

解答

1 ①○ ②○ ③× ④× ⑤× ⑥○

2 (れい)①トラック ②チーズ ③スカート ④アメリカ ⑤シャワー

3 ①パジャマ・ベッド ②イ

指導の手引き

外国から来た言葉や外国語を書くときは、かたかなを使います。わたしたちが使っている言葉には 次のような種類があります。

①和語…もともと日本にあった言葉で、ひらがなで書き

表す言葉や漢字の訓読みにあたる言葉。

（例）さっぱり　やすむ　しずか
②漢語…中国から日本に入ってきた言葉で、漢字の「音読み」にあたる言葉。日本でできた音読みの言葉も漢語です。
（例）りょかん　じゅんび　ろうどう
③外来語…中国以外の外国から日本に入ってきた言葉で、ふつうかたかなで書き表します。
（例）バランス　アルバイト　キャベツ

41 標準レベル　まとめて　いう　ことば

解答
1 （○を　つける　もの）①三つめ　②二つめ
2 ①のりもの　②しょっき
3 ①エ　②オ　③ア　④ウ
4 れい ①かくれんぼ・おにごっこ・かんけり　②せんせい・けいさつかん・いしゃ

指導の手引き
1 まとめて言う言葉は、仲間としての一つのグループを表す言葉です。①の「ぼうし」は衣服（＝着る物）に分類されるので、文房具というまとめの言葉には含まれません。
2 ①②いずれも、正解以外の言葉が正解の言葉でまとめられることに気づきましょう。
3 書かれているもの以外に、その仲間に当てはまるものを言ってみるとよいでしょう。
4 いろいろな仲間を思い浮かべて、どんなものがそこに入るか考えるとよいでしょう。

42 上級レベル　まとめて　いう　ことば

解答
1 ①カ　②ウ　③ア
2 れい ①たべもの　②てんき
3 （○で　かこむ　もの）①きつね　②ばら　③したじき　④うでどけい

指導の手引き
1 どの言葉にも共通する特徴を考えます。
3 個別のものの名前は、まとめて言う言葉ではありません。

43 最上級レベル 7

解答
1 ①みんなで　でんしゃに　のって、すいぞくかんへ　いきました。めずらしい　さかなが　たくさん　およいで　いて、とても　おどろきました。
②おとうさんは　ふだんは　いそがしいのですが、おやすみの　ひには　わたしたちと　あそんで　くれます。せんしゅうは　くらく　なった　ころを　みはからって、にわで　はなびを　たのしみました。
2 ①たいようの　ひかりを　あびながら　たって　いる　こを、みて　いた。
②たいようの　ひかりを　あびながら、たって　いる　こを　みて　いた。
3 わたしの　おじさんの　いえでは　にわとりを　たくさん　かって　います。わたしは　ときどき　にわとりを　みせて　もらいに　いきます。
わたしが、

「こっちへ　おいでえ。」

と　いうと、にわとりたちは　コケッ、コケッ、と　ないて、にげて　いって　しまいます。

おじさんは、

「なつくまでには　じかんが　かかるんだよ。」

と　いって、わらいました。

指導の手引き
1 一文の中に述語が二つ以上あるときは、「、」をつけて読みやすくします。①はそれぞれの文に、「のって」と「いきました」、「およいで　いて」と「おどろきました」の二つが含まれています。②も同様に「いそがしいのですが」と「あそんで　くれます」、「みはからって」と「たのしみました」が含まれます。それぞれを分けるように「、」をつけます。
2 「、」（読点）を入れる場所によって文全体の意味が変わることに注意します。
3 「　」をつける会話文を見つけるときは、「と」に着目します。ここでは、にわとりの鳴き声が会話文に含まれないことに注意します。

44 最上級レベル 8

解答
1 ①ぼおと→ボート・じゅうす→ジュース
②ちゃんす→チャンス・ごおる→ゴール
③せえたあ→セーター・すとおぶ→ストーブ
④すぱげってぃ→スパゲッティ・さらだ→サラダ
⑤びる→ビル・えれべえたあ→エレベーター
2 ①イ　②ア　③カ　④エ
3 れい ①タクシー・バス・ヨット　②トランペット・トライアングル・カスタネット

指導の手引き
1 伸ばす音や濁る音に注意して書きます。
2 ウとオに当てはまるものを挙げてみるのもよいでしょう。
3 ①他にもフェリー・トラック・ロープウェイ・モノレール・ヘリコプター・ロケットなど。
②他にもピアノ・バイオリン・フルート・シンバルなど。

標準レベル 45 うごきを あらわす ことば (1)

解答

1 たべる・たつ・はこぶ(順不同)
2 れい おどる・はしる
3 ①きく ②いく ③はく ④とく ⑤やく
4 ①うたう ②かく ③よむ ④あらう ⑤みがく

指導の手引き

動きを表す言葉とは、物事の動作(どうする)、作用(どうなる)、存在(ある・いる)などを表す言葉のことです。他の言葉への続き方で、働きや語形が変わります(活用する)。言い切るときは、ウ段の音で終わります。

1 「うんどう」は、「動作」という「こと」を表す言葉であることに注意します。
2 他にも「とる・くる・さる・つる・ながれる・はる・うる・おる」など、多数考えられます。
3 当てはまると思う言葉を選んで、一度文に入れてみましょう。読んで意味が通じるかどうかを確かめましょう。④は「きく」も当てはまるように思えますが、①に入る言葉がなくなるので間違いです。
4 いずれも動作を表す動詞が入ります。動詞はすべて最後にくる音が「ウ」になります。

ポイント 動きを表す言葉が文の終わりにくるときは、「ウ」の音で終わります。

上級レベル 46 うごきを あらわす ことば (1)

解答

1 ①ひい・で ②きがえ(なつ)・およい(あそん) ③おき(で)・し ④のみ・たべ
2 ①そだてる ②きめる
3 ①かざり(しばり) ②しばり(かざり) ③とおっ ④おち
4 ひびく・だし・わらわ

指導の手引き

1 下に続く言葉によって、動きを表す言葉の語尾が変化します。
2 前の部分とのつながりで考えます。
4 文脈から考えて、動きを表す適切な言葉を当てはめます。

標準レベル 47 うごきを あらわす ことば (2)

解答

1 ①あけろ ②みがけ ③しまえ ④むすべ ⑤しろ
2 ①おとす ②あげる ③だす ④いれる ⑤ふやす ⑥へらす
3 ①かえろ・はしっ ②あげ・わたり ③こおっ・すべっ

指導の手引き

1 命令する言い方とは、自分以外の人に強く言う言い方です。
2 上の段は、主語「〜は」と合わせて使う言葉、下の段は、「〜を」がつく言葉になります。
3 それぞれの動詞を正しい形に活用させます。「る」で終わる言葉なので、語尾は「ら・り・る・れ・れ」などと変化します。ただし、「て」に続く時は、「っ」になることもあります。

上級レベル 48 うごきを あらわす ことば (2)

解答

1 ①かけられる ②ほめられる
2 ①おおう ②みとれる ③ぬぐう ④まとう
3 れい ①し・てつだい・つくる ②みえ・し

指導の手引き

1 「〜られる」をつけると、他の人によってされる動きに変わります。
2 同じような意味を表す言葉でも、使う場合によって言葉を使い分けることを学ぶとよいでしょう。より多くの言葉を身につけます。
3 文に書かれている内容をよくとらえて、前後の意味に合うように書きましょう。

標準レベル 49 ようすを あらわす ことば (1)

解答

1 さむい・きゅうに・きいろい・にこりと・リンリンと(順不同)
2 ①しろい ②おおきい(かたい) ③あかい ④かたい(おおきい) ⑤ほそい
3 ①うかぶ ②みる ③ひかる ④ゆれる ⑤すすむ
4 ①ウ ②エ ③ア ④イ ⑤オ

指導の手引き

1 「おはよう」は呼びかけの言葉、「でも」はつなぎ言葉、「カナダ」や「バナナ」は物などの名前、「ぬれる」や「おこる」は動作を表す言葉です。
2 それぞれのたとえの言葉がどのような様子を表しているか、具体的な状況を考えます。
4 ①「けっして」という言葉を用いるときは、「〜ない」で受けます。

上級レベル 50 ようすを あらわす ことば (1)

解答

1 ①ぐっすり ②すらりと ③ひらりと ④べたべた ⑤きれいに

2 ①くるくる ②ぽろぽろ ③しとしと ④きらきら

3 ①よちよち・すやすや ②バタン・ずかずか ③つるり・ドシン

指導の手引き

1 下に続く言葉から、どのような言葉がふさわしいのか考えます。

3 文で表そうとしている状況を考え、よく使われる表現を覚えるようにします。

標準レベル 51 ようすを あらわす ことば (2)

解答

1 ①ア ②エ ③オ ④イ ⑤ウ

2 ①ウ ②ア ③イ ④エ ⑤エ

3 ①だ(た)・だ(た) ②う・う ③り・り ④わ・わ

指導の手引き

1 いずれもよく用いられる言葉なので、どのような様子を表す言葉か理解しておきましょう。

2 ①ウ以外は、様子を表す言葉です。②アの様子を表す言葉以外は、物の名前です。③イの様子を表す言葉以外は、動作を表す言葉です。④エの様子を表す言葉以外は、つなぎ言葉です。⑤エの、代わりに指し示す言葉以外は、様子を表す言葉です。

3 二字を繰り返す言葉であることをヒントに考えるようにします。

上級レベル 52 ようすを あらわす ことば (2)

解答

1 ①さんさんと・もくもくと・ザーザーと・ぐっしょりと
②うかうかと・ぽろぽろと・うじうじと
③ねっしんに・うまく・よい・うれしい

2 ふしぎな・きけんな・しっかり

指導の手引き

1 (　)の言葉は、③の最後の(　)を除き、直後の言葉を詳しくしています。直後の言葉をヒントに、ふさわしい言葉を考えます。③の最後の(　)には、「何が―何だ」の形の文の「何だ」にあたる言葉が入ります。

2 一つめは、直後で変わったちょうのことを紹介していることから考えます。二つめは、ありはちょうを食べるものであることから考えます。三つめは、「まもる」という言葉につながっていることから考えます。

標準レベル 53 かずを あらわす ことば

解答

1 ①にひき ②さんぼん(さんほん) ③ごさつ ④よんだい ⑤ろくまい

2 ①けん ②きゃく ③ちゃく ④たま ⑤まい

3 ①にひき・いっとう ②ごきれ・にはい ③さんちょう・ひとたま ④さんせき・にほん ⑤よんだい・いっけん

指導の手引き

1 物によって、数え方が変わります。それぞれの物にふさわしい数え方を覚えます。

上級レベル 54 かずを あらわす ことば

解答

1 ①いっとう・ぞう ②よんそく・くつした ③にだい・でんわ ④さんげん(さんけん)・みせ ⑤ごわ・とり

2 ①まい ②さつ

3 ①かい・けん ②きゃく・そく ③しゅう・ばい(はい) ④つう・りん ⑤ちゃく

指導の手引き

1 その他にも数を表す言葉はたくさんあります。
(例)アイロン―だい　キャベツ―たま
イカ―はい　えいが―ほん
つくえ―きゃく　おはし―ぜん
てぶくろ―くみ　でんしゃ―りょう
ふね―せき

3 物によって数え方が決まっています。
①たてもの→かい・けん
②いす→きゃく　くつ→そく
③回るとき→しゅう　みず→はい
④てがみ→つう　はな→りん
⑤ふく→ちゃく

標準レベル 55 くみに なる ことば

解答

1 ①とおい ②ちいさい ③みじかい ④たかい ⑤まずい

2 ①せまい ②あさい ③うすい

3 れい あつい・つめたい　あたらしい・ふるい
かたい・やわらかい

4 ①にがい・あまい　②おもい・かるく
③くらく・あかるく　④うるさく・しずかに

指導の手引き

組になる言葉を「対義語」と言います。
(例)あかるい—くらい　あげる—さげる
あたたかい—つめたい　あつい—うすい
いいえ—はい　うかぶ—しずむ
うっすら—はっきり　うまい—へただ
するどい—にぶい　たおす—おこす
つるつる—ざらざら　つける—けす
のろのろ—てきぱき　もどる—いく
やせる—ふとる

上級レベル 56 くみに なる ことば

解答

1 れい ①のぼる・おりる　②だす・いれる
③ひらく・とじる　④のびる・ちぢむ

2 ①つける　②かわかす　③かたまる
④わらう　⑤むすぶ

3 ①あげ・おろし
②わかし・さまし(わい・さめ)
③うかべ・しずめ　④あつく・さむく
⑤ならべ・くずし

指導の手引き

1 ①は「くだる」、②は「しまう」、④は「のばす」「ちぢめる」なども正解です。

3 初めの(　)の前後をよく見て、文の意味が通るように、一文字目をヒントに当てはめます。次に、当てはめた言葉と組になる言葉を考え、文の意味が通るかどうかを確かめます。

標準レベル 57 こそあどことば

解答

1 ①それ　②あれ　③これ　④どれ

2 ①ここ(そこ)　②そこ(ここ)　③どこ

3 ①えんぴつ　②おりがみ　③たてもの
④はがき　⑤(せが　たかい)　ひと

指導の手引き

指示語(こそあど言葉)は、物事、場所、方向、様子を指し示す言葉です。言葉の前後をよく読んで、こそあど言葉が何を指し示すかをつかむことが大切です。

1 ①近くも遠くもないものを指すときは「それ」を用います。②遠いものを指すときは「あれ」を用います。③近いものを指すときは「これ」を用います。④いくつもあるものを指してたずねるときは「どれ」を用います。

2 ③場所をたずねるときは「どこ」を、いくつもあるものの中から選ぶときは「どれ」を用います。

上級レベル 58 こそあどことば

解答

1 ①イ　②エ　③ア　④ウ

2 あちら

3 ①また　あそぼうね　②あすは　にちようびだ
③せのび　④はきはきと　はなす
⑤しんごうを　まもらない

指導の手引き

指示語の距離感をつかむことが大切です。自分に近いものを指す場合は「こ〜」、相手に近いものを指す場合は「そ〜」、自分からも相手からも遠いものを指す場合は「あ〜」、指すものがはっきりしない場合は「ど〜」のこそあど言葉を用います。

1 ①「あちら」は方向を表す言葉です。②「ここ」は話し手の近くの場所を表す言葉です。③「そんな」は様子を表す言葉です。④「これ」は話し手の近くにあるものを指す言葉です。

3 ③は指示語が指す内容が後に書かれています。①②④⑤は直前の部分の内容に着目します。

59 最上級レベル 9

解答

1 ①よむ・よみ　②すわっ・すわら
③きれいな・きれいに

2 ①まい　②すじ　③わ(ば)

3 ①さむい・ふるい・すこし
②ほそい・ひくい　③くらく・せまく

4 ①(おもしろそうな)　ほん　②りんご
③こうえん

指導の手引き

3 ①の「すこし」は「ちょっと」なども正解です。

4 こそあど言葉が指している言葉を、実際にこそあど言葉と置き換えてみて、ちゃんと意味が通るかどうかを確かめましょう。

60 最上級レベル 10

解答

1 (こそあどことば)そこ・それ・これ・それ
(さして　いる　ことば)としょかん・
(むしの)　ほん・(どうぶつの)　ほん・とり

2 ①かげ　②へび　③すな　④うみ　⑤あさひ

3 ①おそい ②たのしい

指導の手引き

2 （ ）に入る言葉は、様子をたとえています。①は「へび」も当てはまるように思えますが、②に当てはまる言葉がなくなってしまうので、間違いです。

3 「かなり」も「ほんとうに」も、直後の言葉の意味を強めています。

61 標準レベル かんじの よみ（1）

解答

1 ①か・ひ ②う・あめ(あま) ③けん・いぬ ④けん・み ⑤さ・ひだり

2 ①おお・つき ②みず・いし ③ほん・ぶん

3 ①ゆう・う・みぎ ②ぼく・もく・き ③にち・じつ・ひ ④りょく・りき・ちから

4 ①しろ・おんな ②いと・だ

指導の手引き

1 漢字には、読み方を二つ以上持つものがあります。文の中の使い方に応じて、読み方を使い分けます。

2 3 4 「音読み」「訓読み」という言葉は三年生で習います。「音読み」は、中国の読み方に似せた読み方、「訓読み」は日本の言葉を漢字にした読み方です。読んで意味がわかる読み方はほとんど「訓読み」です。

注意 「音読み」「訓読み」にもそれぞれ二つ以上の読みがある場合があるので気をつけましょう。

62 上級レベル かんじの よみ（1）

解答

1 ①ねん ②てん ③じ ④ちゅう ⑤ちょう ⑥くう ⑦しゃ ⑧ひゃく

2 ①森—しん ②竹—ちく ③先—せん ④林—りん ⑤手—しゅ

3 ①がく・めい ②そう・きん ③せい・こう ④そん・しょう ⑤た・なか・あし ⑥ぶん

指導の手引き

読めなかった漢字は、きちんと覚えてから、読めるようになるまでくり返して練習します。

3 新しく漢字を習うときは、「音読み」「訓読み」をしっかり覚えます。

63 標準レベル かんじの よみ（2）

解答

1 ①りっ・た ②ど・つち ③でん・た ④せん・ち ⑤さん・やま

2 ①あめ・おと ②おとこ・う ③め・やす

3 ①にゅう・い・はい ②じょう・うえ・かみ ③げ・か・した ④こう・く・くち

4 ①ゆう・かい ②みみ・あか

指導の手引き

3 それぞれの漢字にはいくつかの読み方があるので、正しく覚えます。

ポイント
多くの漢字には音読みと訓読みのどちらの読み方もありますが、次のような漢字もあります。
(1)音読みしかない漢字　央（オウ）
(2)訓読みしかない漢字　畑（はたけ・はた）
(3)音読みが二つ以上ある漢字　図（ズ・ト）
(4)訓読みが二つ以上ある漢字　魚（うお・さかな）

64 上級レベル かんじの よみ（2）

解答

1 ①ひと ②ふた ③みっ ④よっ ⑤いつ ⑥むっ ⑦なな ⑧やっ ⑨ここの

2 ①イ ②オ ③ア ④カ ⑤ウ ⑥エ

3 ①もり・おとこ ②いと・たま ③まち・はな ④しろ・あか ⑤みぎ・ひだり

指導の手引き

1 ものなどを数えるときには、「ひとつ」「ふたつ」…を使います。

65 標準レベル かんじの よみ（3）

解答

1 ①正—生 ②犬—見 ③石—赤 ④火—花 ⑤四—子

2 ①しょう・ちい ②めい・な

③くるま・しゃ　④か・はな
⑤せん・さき　⑥たけ・ちく

3 ①○　②×　③×　④○　⑤×　⑥○

4 ①白　②音　③草　④右　⑤一

指導の手引き

2 訓読みには送りがなをつけるものがあります。しっかり練習します。

4 ②の「青」は「せい」→「いち」となるように思えますが、そうすると⑤に当てはまるものがなくなってしまうので、間違いです。

上級レベル 66 かんじの よみ (3)

解答

1 ①か・げ・した・しも・さ・くだ
②ろく・むっ・むい
③きん・かな・かね
④じん・にん・ひと

2 ①あみ　②だ

3 ①き・ほん　②こう・まち
③まる・じ　④もり・さき
⑤かい・たま

ポイント

漢字辞典の引き方の中には、「音訓さくいん」で調べる方法があります。漢字の読み方がわかるときに使います。読み方が五十音順にならんでいます。

標準レベル 67 かんじの かき (1)

解答

1 ①上　②右　③左　④口　⑤力　⑥山

2 ①字　②火　③白　④水　⑤小　⑥犬

3 ①木　②正　③虫　④日　⑤千

4 一・二・三・四・五・六・七・八・九・十

指導の手引き

1 漢字は、正しい筆順と意味を考えながら書きます。

2 ①「宀」のはね、④⑤「亅」のはねに注意して書きます。

ポイント

漢字の筆順には、きまりがあります。
①上から下へ書く
②左から右へ書く
③横画を先に書く
④中心を先に書く
⑤外側を先に書く
⑥つらぬく縦画は最後に書く

上級レベル 68 かんじの かき (1)

解答

1 ①耳　②車　③草　④夕　⑤立

2 ①学校　②男女　③雨音

3 ①百円　②手・休　③空気　④月・出
⑤田・金　⑥森・村

指導の手引き

2 3 二語以上で漢字を組み合わせた熟語では、ふだんの音読み、訓読みとは読み方が変わることがあります。

3 ①「円」のはね、②「手」のはね、③「宀」の形、④「月」のはね、⑥「寸」のはねに注意して書きます。

標準レベル 69 かんじの かき (2)

解答

1 ①土　②玉　③糸　④村　⑤貝　⑥目

2 ①名　②早　③王　④見　⑤先　⑥天

3 ①文　②草　③左　④虫　⑤赤

4 ①力　②音　③犬　④耳

指導の手引き

1 2 絵や文を見て、使う漢字を考えます。

2 ②の「はやく」は時間を表す「早い」と、スピードを表す「速い」があります。漢字の中には、同じ読み方をするのに、意味が違うものがあります。文をしっかり読んで、正しい意味の漢字を使えるようにします。

上級レベル 70 かんじの かき (2)

解答

1 ①花火　②生水　③町立　④出入　⑤年月

2 五→七→九→十→百→千

3 ①女・子　②竹・本(元)　③山林　④大空
⑤手・車　⑥学校・日　⑦上下　⑧白・石

指導の手引き

1 ①「匕」のはね、②「亅」のはねに注意します。

3 文の意味を考えて、当てはまる漢字を正しく書きます。

標準レベル 71 かんじの かき (3)

解答

1 ①六百二十円　②三百五十円
③二百四十五円　④八百六十一円
⑤七百九十円

2 月・火・水・木・金・土・日

3 ①足　②手　③耳　④口　⑤目

4 ①犬・見　②中・虫　③正・青

指導の手引き

❶ 漢字で表すときは、「百」や「十」などを正しい位置に入れて書くように注意します。

❷ はねととめに注意しながら書きます。

❹ 読み方が同じでも意味が違う字があります。注意して書きましょう。

72 かんじの かき(3)

上級レベル

解答

❶ ①大男 ②火花 ③先生 ④左右

❷ ①森 ②林 ③雨 ④木 ⑤草 ⑥竹

❸ ①空・月 ②車・学 ③村・田 ④玉・子 ⑤赤・女 ⑥金・石

指導の手引き

❸ 言葉の意味や文での使い方を考えて、漢字を選びます。

ポイント

二字熟語のつくりには次のようなものがあります。

(1)似た意味の漢字を組み合わせたもの
例 学習 森林

(2)反対の意味の漢字を組み合わせたもの
例 強弱 親子

(3)上の漢字が下の漢字をくわしく説明するもの
例 歩道 水量

(4)上の漢字が動作を表し、下の漢字はその対象を表すもの
例 読書 登山

(5)上の漢字と下の漢字が主語、述語の関係にあるもの
例 県立

(6)上の漢字が下の漢字の意味を打ち消すもの
例 不足 未来

73 かくすう・ひつじゅん(1)

標準レベル

解答

❶ (○を つける もの)①右 ②左 ③右 ④左

❷ ①3 ②3 ③4 ④5

❸ ①2 ②3 ③4 ④4 ⑤3

❹ ①正 ②字 ③赤 ④気 ⑤花

指導の手引き

❸ はねやはらいが途中に入る字は、はねの方向が次に書く線や点の始めへ向いています。

74 かくすう・ひつじゅん(1)

上級レベル

解答

❶ ①夕 ②手 ③手 ④四 ⑤休

❷ 名・年・早・休・百・耳(順不同)

❸ 十→日(火)→火(日)→左→先→花→草→森

❹ ①く 女 女 ②丨 冂 円 円 ③一 ナ 左 左 ④一 丆 丂 五 ⑤ノ ナ 才 右 右

指導の手引き

❹ 漢字を覚えるときは、正しい筆順で書けるようにします。

注意 「左」と「右」の書き始めに注意します。

75 かくすう・ひつじゅん(2)

標準レベル

解答

❶ ①エ ②ウ ③イ ④オ ⑤ア

❷ れい ①田 ②字 ③足

❸ ①7 ②8 ③10 ④7 ⑤9 ⑥6

❹ ①2 ②4 ③8 ④6 ⑤7

ポイント

漢字は正しい筆順で書くと、きれいに書けるようになります。

76 かくすう・ひつじゅん(2)

上級レベル

解答

❶ ①(ノ) ナ ナ 左 左
②一 十 (木) 本 本
③一 (二) 三 下 巨 耳
④く 幺 幺 (糸) 糸 糸
⑤ノ 𠂉 (午) 午 午 年
⑥丨 冂 (円) 田 甼 町

❷ ①8 ②13 ③14 ④17 ⑤15

❸ ①男 ②円 ③二 ④二 ⑤草

指導の手引き

❷ ①5画と3画、②6画と7画、③5画と9画、④12画と5画、⑤8画と7画です。

ポイント
左と右にはらいがあるときは、左のはらいから書きます。

77 最上級レベル 11

解答

1 ①7 ②8 ③10 ④1 ⑤7

2 ①13 ②17 ③8 ④1 ⑤9

3 ①ど・と・つち ②あし・た・そく ③しろ・はく・しら ④ちから・りょく・りき

4 ①円 ②音 ③町 ④校 ⑤赤

指導の手引き

2 ①上から順に5・4・4画です。②上から順に6・6・5画です。③上から順に2・9・3画です。④上から順に7・4・2画です。⑤上から順に7・3・5画です。

78 最上級レベル 12

解答

1 ①本名 ②雨水 ③女子 ④竹林 ⑤村人

2 ①休 ②出 ③年 ④空 ⑤金

3 ①円 ②町 ③森 ④石 ⑤王

4 ①百 ②玉 ③天 ④音 ⑤月

指導の手引き

3 ①「円」以外は自然を表します。②「町」以外は体の部分を表します。③「森」以外は学校や勉強にかかわる漢字です。④「石」以外は数を表します。⑤「王」以外は位置や方向を表します。

4 ①「百」は6画、それ以外は7画です。②「玉」は5画、それ以外は6画です。③「天」は4画、それ以外は6画です。④「音」は9画、それ以外は8画です。⑤「月」は4画、それ以外は3画です。

79 標準レベル 文しょうを よむ (1)(ものがたり)

解答

1 (1)(〇を つける もの)中

(2)れい じぶんの けを きり、とうさんの えに はる こと。

(3)(〇を つける もの)左

指導の手引き

1 (1)「いっしょうけんめい」という言葉から考えます。「てっちゃん」は、「とうさん」の絵を上手に描こうと考えています。

(2)「よしこちゃん」の「け きってるう」という言葉と、「てっちゃん」の「けを……はりつけた」という行動からまとめます。

(3)「目を丸くする」は慣用句です。

ポイント
「目」を使った慣用句はたくさんあります。まとめて覚えるとよいでしょう。
例・目が回る…忙しい様子。
・目を引く…人の注意をひきつける。
・目が高い…良いか悪いかを見分けられる。

80 上級レベル 文しょうを よむ (1)(ものがたり)

解答

1 (1)はっぱ(木のは)

(2)(〇を つける もの)左

(3)(〇を つける もの)中

(4)れい 木の うえの ゆきが おちて、おじさんの うえに かぶさった。

指導の手引き

1 (1)直前に、「はいても はいても」とあります。また、直後では、「おじさん」はそれを集めて、燃やして、焼き芋をつくっています。三字という指定があるので、二行目の「はっぱ」、もしくは、傍線部の二行あとからの「木のは」が当てはまります。

(2)「おじさん」は「はいても はいても」、どんどん落ちてくる葉っぱに対し、どのような感情でいるのかを考えます。

(3)「おじさん」の行動から考えます。「おじさん」は落ち葉を集めて、木に対して「よく みて いろよ。」と言い、落ち葉を焼いて、焼き芋を食べました。それでもどんどん落ちてくる落ち葉に対する、「おじさん」の気持ちを考えます。

(4)最後の二行に着目します。

81 標準レベル 文しょうを よむ (2)(ものがたり)

解答

1 (1)はな

(2)かご・とじこめられて

(3)れい じぶんが、せっかく つかまえた ちょうが にげたから。

(4)(〇を つける もの)左

指導の手引き

1 (1)「ちょう」が何をしているのかを考えます。直前に、「ちょうは つかれて いるのです」とあります。また、直後には「はなぞのには やすませて くれる はなが ないのですから。」と書かれています。

(2)直後の段落の中から探します。「ちょう」は仲間と一緒に「さぶちゃん」という男の子につかまっていました。

(3)まず、誰がくやしがったのかを考えます。「ちょう」が逃げてしまい、「ちょう」ではなく、「さぶちゃん」です。「さぶちゃん」はくやしがって、追いかけてきたのです。
(4)「ちょう」はかごに閉じ込められていましたが、ドアが開いて、みんなで逃げ出しています。それを「さぶちゃん」が見上げており、「ちょう」から見下ろすと、青い空が「さぶちゃん」のひとみに映し出されていたのでしょう。傍線部で「ちょう」は、そのことを思い出し、これから青い空へ逃げ出せるんだという思いを抱いたときのことをなつかしんでいます。

上級レベル 82 文しょうを よむ (2) (ものがたり)

解答

1 (1)①イ ②ウ
(2)れい でんしゃの なかを うさぎが とびはねる ようすが おもしろかった(から。)
(3)れい たのしく(ゆかいに)
(4)(○を つける もの)右

指導の手引き

1 (1)①うさぎが頭を起こす様子を考えてみます。②うさぎが電車の中を飛び跳ねる様子を考えてみます。

ポイント
「むくり」「ぴょんぴょん」など、物事の状態や様子をそれらしく表した語を、「擬態語」といいます。

(2)電車の中でおきた出来事をまとめます。「ちえこさん」は電車の中でうさぎを逃がしてしまいます。うさぎが電車の中を飛び跳ねる様子が、乗客たちには楽しかったのだろうと推測できます。
(3)傍線部の直後に着目します。「車掌さん」も一緒に笑っています。ここから、「車掌さん」もおもしろいと感じていることがわかります。「おもしろく」と書きたいところですが、四字で答えなくてはなりません。「たのしく」「ゆかいに」といった言葉が入ると正解です。
(4)「まっかな かお」をする状況を考えます。「恥ずかしいとき」「怒っているとき」「うれしいとき」「満足しているとき」など、たくさんの状況が考えられます。今回、「ちえこさん」はうさぎを逃がしてしまい、みんなに笑われています。そこから考えるとわかります。

標準レベル 83 文しょうを よむ (3) (ものがたり)

解答

❶ (1)(○を つける もの)右
(2)おこられ
(3)(○を つける もの)中

指導の手引き

❶ (1)「おししょうさん」の言葉から考えます。「リンゴ」が「まわるのを わすれちゃった」ことを怒るのではなく、「つぎは だいじょうぶ」と励ましています。
(2)前半部分から読み取ります。「ああ、あの とき まわって なかったのかぁー」というところから、リンゴは自分が踊りを間違えたことも気づかないくらい、一生懸命に踊ったことがわかります。しかし、おししょうさんから忘れていた箇所を指摘されたので、しまったと思いましたが、「つぎは だいじょうぶ」と励まされ、怒られることなく、「ほっと」したのです。
(3)「リンゴ」の心情を考えます。「リンゴ」は無事に踊りを終え、たくさんの人の中から「お父さん」を見つけます。「お父さん」もそれに気づき、笑ってくれていることに対し、「リンゴ」はとてもうれしくなり、手をいっぱい振っています。

上級レベル 84 文しょうを よむ (3) (ものがたり)

解答

1 (1)れい はたらくと ごはんが おいしい(から。)
(2)(○を つける もの)左
(3)はたらいた・おもしろい

指導の手引き

1 (1)傍線部直前の「王さま」の言葉から、理由を読み取ります。
(2)「王さま」と「だいじん」との会話に注目します。「王さま」ははたらくことがおもしろく、「だいじん」はそれに対して、「あんなに はたらいては、おからだを こわします」と「王さま」のからだを心配しています。
(3)直前の「王さま」の言葉から書き抜きます。

標準レベル 85 文しょうを よむ (4) (ものがたり)

解答

❶ (1)やまのうえ
(2)れい いつまで たっても つきを つかまえる ことが できないから。
(3)(○を つける もの)中
(4)(○を つける もの)中

指導の手引き

❶ (1)直後の文章と次の段落から考えます。「けんた」が月を追いかけて、桜の木までやってきたところ、月は「やまの うえ」にいたので、「けんた」もそこへ行ったのです。
(2)直前の段落の内容をまとめます。いつまでたっても月を「つかまえられない」ことから、けんたは「もう、やーめた」と言っているのです。
(3)次の文に注目します。「けんた」は「くたびれて、のども からから」になっています。つかれて元気をなくしている「けんた」の様子に合う言葉を選びます。

(4)「けんた」の言葉から考えます。「やった」と言うときはどういうときでしょうか。成功したときや、うまくいったときに使う言葉です。

86 上級レベル 文しょうを よむ (4)(ものがたり)

解答

1 (1)(モンシロチョウ)モンシロマイムス
(トノサマバッタ)トノバッタノドン
(2)(○を つける もの)右
(3)ミツバチ (4)はらっぱ

指導の手引き

1 (1)冒頭の「よねだくん」の言葉に注目します。モンシロチョウが飛んでおり、トノサマバッタが跳ねているのを見た「よねだくん」が、それらを何と呼んだかがわかります。

(2)「ハキちゃん」は、「よねだくん」の言葉を聞いて、笑い出しました。そのあと、「ハキちゃん」も「よねだくん」のマネをしていることから、「ハキちゃん」の楽しい気持ちが推測できます。

(3)「よねだくん」は、虫や動物の名前を恐竜の名前のように呼んで、遊んでいます。そこから推測してみます。

(4)二人の言葉のあとに、「はらっぱじゅうを 見まわして……」とあるのに注目します。

87 標準レベル 文しょうを よむ (5)(ものがたり)

解答

1 (1)れい いそいで かけて きたから。
(2)(○を つける もの)左
(3)(○を つける もの)右

指導の手引き

1 (1)直後の文章に注目します。「かなちゃん」は急いで走ってきたので、顔が真っ赤になってしまったのです。

(2)「おばあさん」が、転んでしまった「かなちゃん」のことよりも、芝生のことのほうを気にしていることから考えます。

(3)「かなちゃん」が一生懸命「あかちゃん」の話をする様子を見ている、「おばあさん」の気持ちを考えます。「かなちゃん」が、「おばあさん」や「カポネ」の話を、毎日「あかちゃん」にしていると聞き、「おばあさん」はほほえましい気持ちになっています。

88 上級レベル 文しょうを よむ (5)(ものがたり)

解答

1 (1)れい・おとこの こたちが ぼうしを ひろわなかったから。
・おとこの こたちが てを たたいて はやしたから。(順不同)
(2)れい・ぼうしを ひろって あげた。
・ぼうしの すなを はらって あげた。(順不同)
(3)しんせつな、おじょうさま
(4)(○を つける もの)右

指導の手引き

1 (1)直前の段落をまとめます。「おじいさん」は帽子を風で飛ばしてしまいます。男の子たちに助けを求めながら、よろよろと走っていますが、男の子たちは帽子を拾わず、「おじいさん」をはやしている様子が書かれています。

(2)「ひどい ひと。」と言ったあとの、「あいこちゃん」の行動をまとめます。「帽子を渡した」という内容も正解です。

(3)「おじいさん」の言葉から探します。「おじいさん」は男の子たちにからかわれたあと、「あいこちゃん」に助けてもらい、感謝をしています。

(4)「きまり わるそうに」などに着目して、「あいこちゃん」の心情を考えます。「おじいさん」の帽子を拾ったあと、「おじいさん」に感謝されて、「あいこちゃん」は急に恥ずかしくなり、急いでその場を去ったのです。

89 標準レベル しを よむ (1)

解答

1 (1)だれも しらない ところ (2)つき
2 (1)がらすの み
(2)(○を つける もの)左

指導の手引き

1 (1)場所を質問されているので、キーワードとなる「ところ」を探してみます。

(2)解答欄の前後の言葉をヒントに、「あがった」の意味をとらえます。傍線部の直前に「つきが」とあることにも着目して、答えを考えます。

2 (1)「ぶどう」が何に例えられているかを探します。「おとすと あぶない」と言っているので、二行目の「がらすの み」が正解です。

(2)ガラスは落とすと割れてしまいます。そこから想像して考えます。

注意 詩は短い言葉をつないで、情景や様子を表すことが多いです。書かれている言葉からどこまで想像できるか、自由に考えてみましょう。

90 上級レベル しを よむ (1)

解答

1 (1)れい けがを ふいた・ないた(順不同)
(2)くすりゆび (3)ほかのゆび

2 (1)・くうび・しかくい・しいろ の うち 二つ。（順不同）
(2)（〇を つける もの）左

指導の手引き

1 (1)けがをした人がとった行動を考えます。書き出し部分に書かれていることをまとめるとよいでしょう。「ふいても、ふいても」「ないても、ないても」と同じ言葉を繰り返し書いていることから、「なんども ふいた」「すごくないた」という解答でも正解です。
(2)指を人のように表現していることから考えます。
(3)手には五本の指があり、そのうちの薬指だけがけがをしています。

2 (1)小さい文字が書かれている箇所を探します。
(2)みずすましは小さく、きりんは大きいです。

ポイント
物や動物などを人のように書くことを「擬人法」といいます。

91 標準レベル しを よむ (2)

解答

1 (1)（〇を つける もの）左
(2)（〇を つける もの）右
(3)つち
(4)ぞうさん
(5)（〇を つける もの）中

指導の手引き

1 (1)「ねんど いっぱい」「ちからも いっぱい」と、「いっぱい」という言葉を繰り返しています。粘土がたくさんあり、力もたくさん使っている様子を表しています。
(2)二回繰り返すことによる効果を考えます。繰り返すことによって、わくわくしている作者の気持ちを表現しています。
(3)傍線部直前に注目します。作者は、土からできた粘土に、土のような暖かさを感じているのでしょう。
(4)粘土から何ができたのかを読み取ります。
(5)「ぞうさん」ができたときの作者の気持ちを考えます。わくわくしながら粘土をこねて、何を作ろうかといっぱい悩み、ようやくできあがったものが「ぞうさん」です。「ぞうさん」ができあがったことがうれしくてたまらない作者の気持ちを読み取ります。

92 上級レベル しを よむ (2)

解答

1 (1)2(つ)
(2)（〇を つける もの）左
(3)（〇を つける もの）右
(4)雨
(5)もわっと・つううんと

指導の手引き

1 (1)前半は「子ねこ」、後半は「土」について書かれた詩です。一見、違う事柄を扱っているように感じますが、どちらについても、生命の美しさや素晴らしさを五感で感じてみよう、という作者の意図が感じられます。
(2)言葉の雰囲気から考えます。「子ねこ」は小さくてかわいい動物です。その「子ねこ」が「ぽああっと あったかい」という表現から、やわらかくてやさしい感じが伝わってきます。
(3)「どきどき」と鳴っているのは誰なのかを考えます。「子ねこ」をだっこすると、「子ねこ」の心臓の音が聞こえてきます。
(4)「ぽつ ぽつ ぽつ／雨が 土を たたきおこす」という箇所から考えます。雨が降ったあと、地面から、もわっと土の香りがしてくることがあります。作者はこの体験を「雨が 土を たたきおこ」しているように感じているのです。
(5)最後の箇所から探します。土のにおいは「もわっとたち上」り、冷たい風にのって「つううんと」やってきます。

93 最上級レベル 13

解答

1 (1)ちいさなまど
(2)こども
(3)れい こどもと あそぼうと おもって いる。
(4)（〇を つける もの）中
(5)さかみち

指導の手引き

1 (1)坂の上のうちの様子がわかるところを探します。「ちいさな まどが／ひかってる」とあり、坂の下から見ても小さな窓が見えていることがわかります。
(2)作者がなぜ坂の上のうちに行こうとしたのかを考えるとわかります。「こどもが いるのか／いないのか」という部分から、作者は新しい友達がいるのかいないのかを楽しみにしているのだろうと考えられます。
(3)第二連の「あそんで くれるか／くれないか」から考えます。第一連からは、坂の上のうちに「こども」がいるといいなという作者の思いが読み取れました。そのため、第二連の「あそんで くれるか／くれないか」とは、その「こども」が「あそんで くれるか／くれないか」ということだと考えられます。ここから、坂の上のうちで、そのこどもと一緒に遊びたいという作者の思いを読み取ります。
(4)作者や登場人物の気持ちを風景描写で表している部分を「情景」といいます。ここでは、楽しくてわくわくする作者の気持ちが、空に自由に浮かんでいる雲で表現されています。
(5)詩の第一連の最後と同じ表現になっていることに注目します。

ポイント
詩の中で同じ表現を繰り返すことを「反復法」といいます。この技法を使うことにより、詩に統一性を持たせ、関連付けさせるだけでなく、リズム感を出し、より強い印象を与えることができます。

94 最上級レベル 14

解答

1 (1)(三びきの)きんぎょ
(2)れい ねこに かまれたから。
(3)(○を つける もの)右
(4)れい なきやませようと した。
(5)れい こちこちに なって、ひかり ころがって いた。

指導の手引き

1 (1)最後の段落に注目します。「ひでちゃん」が、縁側にころがった三びきの「きんぎょ」を見て、さらに大泣きしていることから、「きんとと」は「きんぎょ」のことであるとわかります。
(2)「ひでちゃん」の「きんととは?」という言葉のあとの、「おかあさん」の言葉をまとめます。
(3)「おかあさん」の言葉のあとの「ひでちゃん」の様子から考えます。「わぁと、おおきな こえを だして なきながら」とあることから、「ひでちゃん」がとても悲しい気持ちになっていることがわかります。
(4)「いやだい」と「ひでちゃん」がぐずったあと、「おかあさん」と「ねえや」が何をしたのかをまとめます。だましたり、すかしたりして、「ひでちゃん」をなきやませようとしています。
(5)最後の段落から読み取ります。

95 標準レベル 文しょうを よむ (1) (せつめい文)

解答

1 (1)(○を つける もの)左
(2)おりひめさま・ひこぼしさま(順不同)
(3)れい・字が きれいに かける こと。
・きものを じょうずに つくれる こと。
・おりものが じょうずに できる こと。
の うち 二つ。(順不同)
(4)中国 (5)きれいな女の人

指導の手引き

1 (1)「七月七日」「天の川」「おりひめ」「ひこぼし」から連想すればわかります。
(2)最初の段落に注目します。七月七日の夜に天の川を渡って会う人物と言えば、「おりひめさま」と「ひこぼしさま」です。解答は入れ替わっていても正解です。
(3)七夕の日は願いごとをする日です。第二段落に二つ、第四段落に一つ、願いごとが書かれています。
(4)第三段落から探します。七夕のお話は、「中国」から伝わってきた、とあります。
(5)直前の文章から考えます。おりものが上手になりたいと願ったのは、「きれいな 女の 人」です。

ポイント
日本には毎年行われるイベントがたくさんあります。クリスマスや正月、七夕以外のイベントを探すとよいでしょう。

96 上級レベル 文しょうを よむ (1) (せつめい文)

解答

1 (1)れい たくさんの なかまと いっしょに くらして いる。
(2)(○を つける もの)右から 一つめ・三つめ
(3)(○を つける もの)中
(4)しましまのかたまり

指導の手引き

1 (1)最初の段落に注目します。シマウマは、たくさんの仲間と群れを作って暮らしています。
(2)第二段落には、しまの模様によってシマウマがライオンなどからおそわれにくくなるということが、第三段落には、しまの模様によって、シマウマ自身が自分の仲間を見分けることができるということが、それぞれ述べられています。
(3)前後の文章の関係を考えます。「シマウマの模様が身を守るためにある」という説明と、「しまの模様によって、仲間を見分けることができる」という説明を並べているので、「また」が入ることがわかります。
(4)ライオンにとってめざわりになるものを考え、九字で書き抜く場所を考えます。

97 標準レベル 文しょうを よむ (2) (せつめい文)

解答

1 (1)こどものせたけほど
(2)(○を つける もの)水・ようぶん
(3)やわらかなは(アブラナのは)
(4)チョウ
(5)(○を つける もの)左

指導の手引き

1 (1)アブラナの高さを探すために、「のびました」という言葉を見つけます。真ん中あたりに「アブラナは、どんどん　そだちます」とあり、そのあとに書かれています。
(2)真ん中あたりの「アブラナは、どんどん　そだちます」の前に注目します。根から吸い上げられた「水」が、葉で作られた「養分」を溶かし、体中を流れることで、アブラナは育ちます。
(3)アオムシは何を食べているのかを探します。「やわらかな　はを　むしゃむしゃ　たべて」とあるので、ここから六字で抜き出します。
(4)最後の一文に書かれています。アオムシはアブラナの葉をむしゃむしゃ食べて大きくなり、やがてチョウへと成長します。
(5)選択肢を順に考えます。アブラナは春のさかりには、「ずいぶん　のび」たとあるので、右の選択肢の「まだ　みじかい」は当てはまりません。また、文章の後半に「アブラナの　はを　そっと　めくって　みましょう」とあります。そこに虫のたまごがあるので、左の選択肢が正解です。

上級レベル 98 文しょうを　よむ (2)（せつめい文）

解答

1 (1)ジャガイモ
(2)れい たいようの　光を　うけて、ようぶんを　つくる　ため。
(3)こん虫たち
(4)土のなか　(5)ジャガイモ

指導の手引き

1 (1)文章全体から考えます。この文章はジャガイモの成長の様子と、やがてジャガイモになる部分についての説明が書かれたものです。
(2)直後の文章をまとめます。養分をつくるためという内容が書かれていれば正解です。
(3)直後に書かれています。
(4)直前の文章に注目します。ジャガイモの白い枝は土の中で伸び、成長して、ジャガイモになります。ジャガイモは土の中の茎が膨らんでできたものです。
(5)最後の一文に書かれています。はじめはマッチの頭ほどの大きさしかありませんが、やがて養分をたくわえて、ジャガイモに成長します。

標準レベル 99 文しょうを　よむ (3)（せつめい文）

解答

1 (1)あたま
(2)のうというたいせつなもの
(3)(○を　つける　もの)右
(4)れい・かんがえる。・おぼえる。
・めで　みた　ものが　わかる。
・みみで　きいた　おとが　わかる。
・うれしくなる。・かなしくなる。
・ことばを　つくる。
の　うち　四つ。(順不同)
(5)ひとのこころ

指導の手引き

1 (1)一文目に書かれています。体のいちばん上にあるものと言えば「あたま」です。
(2)二文目に注目します。この中から十二字で該当する部分を書き抜きます。
(3)第一段落の最後の箇所に注目します。頭の中には脳が入っているため、頭の骨はとても硬く、丈夫にできています。
(4)第二段落の内容の中から、脳がしていることを探します。解答例では細かく分けましたが、まとめて書いても正解です。「かんがえたり　おぼえたり　する」や「めで　みた　ものや　みみで　きいた　おとが　わかる」というように書いてもよいですが、四つになるようにします。
(5)最後の一文に書かれています。脳はいろいろなことができるので、「ひとの　こころ」があるといってよい、と述べています。

上級レベル 100 文しょうを　よむ (3)（せつめい文）

解答

1 (1)れい ちぢむ。
(2)あせ
(3)れい おてんきの　よい　日に　ふとんを　ほす。
(4)(○を　つける　もの)左
(5)十五(分)

指導の手引き

1 (1)文章の最初に書かれています。「ちぢむ」「ちぢみます」「ちぢんで　しまいます」など、どのような表現でも、同意であれば正解です。
(2)直前の言葉に注目します。布団にしみこんでいるものとは、人間の「あせ」です。布団の綿は水や汗を吸い込むと縮んでしまうので、布団を干さないでいるとぺったんこになる、と書かれています。
(3)第二段落の中に書かれていることをまとめます。「ふとんを　ほす」ということが書かれていれば正解です。
(4)最後の段落の内容を理解します。「目に　みえない　ばいきん」とあります。
(5)最後の段落の真ん中あたりに書かれています。

標準レベル 101 文しょうを　よむ (4)（せつめい文）

解答

1 (1)(じゅんに)は・は・あたらしい　まめ・さや

(2)たね

指導の手引き

1 (1)文章に書かれていることを順番に整理します。豆は植物の種なので、土に埋めると芽が出てきます。そこから、また豆になるまでの段階が、順を追って書かれています。
(2)この文章の書き出しと最後の段落に注目します。同じことが書かれています。繰り返し述べることで、「豆は種である」ということを強調しています。

上級レベル 102 文しょうを よむ (4)(せつめい文)

解答

1 (1)れい てきを すぐに 見つけられる ため。
(2)れい 立てたまま。
(3)長くてもほんの5分ぐらい
(4)(〇を つける もの)右・左
(5)れい キリンの 見はりを たよりに できるから。

指導の手引き

1 (1)第二段落に書かれています。キリンが立ったままで休憩したり眠ったりするのは、ライオンやハイエナといった敵をすぐに見つけられるためです。理由を問われているので、「～から。」や「～ため。」という形で、文をまとめます。
(2)第三段落に注目します。キリンが座ったときの首の様子が書かれていれば正解です。
(3)文章の真ん中、第四段落に書かれています。「どのくらいの あいだ」という問いなので、時間を表す言葉を、十二字になるように抜き出します。
(4)第五段落に書かれています。
(5)最後の一文の内容をおさえます。キリンはとても背が高く、目がよく、耳や鼻もよくきくので、見張り役として最適なのです。

標準レベル 103 文しょうを よむ (5)(せつめい文)

解答

1 (1)(〇を つける もの)左
(2)(〇を つける もの)一つめ・三つめ
(3)ふくがん

指導の手引き

1 (1)前後の文章の関係を考えます。前には「トンボの目は体の割に大きい」という内容が書かれており、一つの目が大きいように表現されています。そして、あとには「あの目は ひとつの 目では ないのです」とあります。ここから、反対の内容をつなぐ接続語「でも」が入ることがわかります。
(2)第一・第三段落に注目します。一つめの選択肢の内容は第三段落の「とても 小さな 虫でも みのがさず、みつける ことが できる」から、三つめの選択肢の内容は第一段落の「トンボの 目は、小さな 目が たくさん あつまった ものです」から読み取れます。
(3)最後の一文に書かれています。

上級レベル 104 文しょうを よむ (5)(せつめい文)

解答

1 (1)れい オレンジジュースの 中の 水。
(2)れい (色)ついて いない。(無色とうめい。)・(味)そんなに あまく ない。
(3)(〇を つける もの)左

指導の手引き

1 (1)直後の「これが、」以降に書かれていることをまとめます。
(2)傍線部以降の文章に注目します。オレンジジュースをこおらせたときにできる「表面の氷」は、オレンジジュースの中に入っている水がこおったものであり、色はついておらず、味もうすいという内容が書かれています。
(3)最後の段落に書かれています。お茶もオレンジジュース同様に、水分をふくんでいるので、お茶をこおらせると、オレンジジュースと同じ現象が起きるのです。

標準レベル 105 文しょうを かく (1)

解答

1 ①あすは ぼくの たんじょう日だ。
②れい とりは 空を じゆうに とべる。
③れい あさの うみは とても きれいだった。

2 ①の・の・は
②は(の)・に・へ(に)
③と(は)・に・を・て
④は(と)・を・へ(に)

3 れい (わたしは)おかあさんと 手を つないで あるいて います。

指導の手引き

1 ①主語と述語は、「あすは たんじょう日だ。」です。述語を「ぼくの」が修飾します。
②主語と述語は「とりは とべる。」です。これを基本として、「空を」「じゆうに」をつなげます。
「とりは じゆうに 空を とべる。」

「じゆうに とりは 空を とべる。」

「空を じゆうに とりは とべる。」など、複数の組み合わせがあります。
③主語と述語は「うみは きれいだった。」です。「あさの」は「うみ」につながります。
「とても あさの うみは きれいだった。」のように「とても」が最初にきても大丈夫です。

注意 文の終わりに、「。」を付けることを忘れないようにします。また、文を書くときは、主語と述語の関係を正しく書きます。そこに修飾語をつなげていくように書かせてください。

❷ ②「きょう」のあとに入る助詞が「は」「の」のどちらでも意味は通じます。

「きょうは　三じに　えきへ　つきます。」

「きょうの　三じに　えきへ　つきます。」

また、「えきへ」と「えきに」はどちらでも正解です。

③「おとうと」のあとに入る助詞によって、主語が変わります。

「おとうとと　いっしょに　ふえを　ふいて　たのしんだ。」（主語は本人）

「おとうとは　いっしょに　ふえを　ふいて　たのしんだ。」（主語はおとうと）

④②と同様に、「えきへ」と「えきに」は、どちらでも正解です。

注意 文章は、一字変わるだけで全く違う意味になることがあります。文章を書くときは、気をつけるようにさせてください。

❸ イラストは「手をつないでいる」状況です。誰とつないでいるかを考えると書きやすいです。また、「手をつないでいる」様子を書いても正解です。例えば、「手をぎゅっとつないでいる」という表現でもよいでしょう。

106 上級レベル　文しょうを　かく (1)

解答

❶ (○を　つける　もの)①左　②右　③右　④左　⑤右

❷ れい ①ぼくは　あさ　おきました。

②とけいを　見て　おどろきました。

③あわてて　いえを　出ました。

④おかあさんが「かさを　もって　いきなさい。」と　いいました。

指導の手引き

❶ ①「とても」は肯定の文章とつながります。否定の文章のときは、「まったくおなかがすいていません。」となります。

②「おそらく～でしょう」は推定の意味です。「おそらくあめになるでしょう。」であれば、正しい文章になります。

③「きのう」は過去の文章です。「いきます」は現在形、「いきました」は過去形になります。

④「ほめられました」は受け身の文章です。「わたしはおかあさんにほめられました。」は、おかあさんがほめています。もし、「わたしはおかあさんをほめました。」になると、「わたし」が「おかあさん」をほめたことになります。

⑤「きっと～だろう」は推定の文章になります。「たぶんあすのてんきははれるだろう」と同じ意味になります。また、「けっして」を用いる場合、「けっして～ない」という打ち消しの言い方になります。

ポイント 「おそらく～でしょう」「きっと～だろう」のように、つながる言葉が決まっているものを覚えさせてください。

❷ ①「朝に目が覚めた」イラストです。この状況にあてはまる文を考えます。

②「時計を見て驚いている」イラストです。「時間に遅れたことに気づいた」というような内容の文章でもよいでしょう。

③「あわてて家を出る」イラストです。「いそいで」や「あわてて」といった言葉を入れると、文章の雰囲気を表しやすくなります。

④「おかあさんが傘を持っていくように声を上げている」イラストです。「雨が降るよ」という声をかけている内容でも正解です。

注意 まずは、文の構造が正しければ正解です。その次に、内容を確認しましょう。難しい言葉を使えばよいというわけではなく、主語と述語の関係がわかるような文章になるようにします。

107 標準レベル　文しょうを　かく (2)

解答

❶ ①しかし　②だから　③さらに

❷ れい おもしろいです

いきたい

おいでなさい

❸ れい

おばさんへ

　なつやすみに、ぼくのだいすきな本をプレゼントしてくれて、ありがとうございました。ぼくはもう三かいもよみました。こんど、おばさんに、本のことや学校のともだちのことを、たくさんはなしたいです。ふゆやすみには、また、でんしゃにのって、おばさんのところへあそびにいきたいです。

おかあさんへ

　いつもぼくたちのために、いえのことをしてくれてありがとう。きょうは「ははの日」なので、いえのことは、ぼくがぜんぶします。おかあさんのだいすきなカレーライスを、きょうはぼくがつくるから、たのしみにしていてください。おかあさん、いつまでもげん気でいてください。

指導の手引き

❶ ①くもっていたのに雨がふらなかった、ということなので、反対の意味のつなぐ言葉が入ります。②学校を休んだ理由が「かぜ」なので、理由を表すつなぐ言葉が入ります。「さらに」も当てはまるように思いますが、③に入る言葉がなくなるので間違いです。③先生がほめたのは、「え」だけでなく「さく文」もなので、付け加えるつなぐ言葉が入ります。

注意 つなぐ言葉(接続語)は、前後の文章の関係から考えることで、入る言葉がわかります。
「つまり」…文章を言い直すときに使う
「だから」…理由を表すときに使う
「ところで」…話題を変えるときに使う
「しかし」…前の文章と反対の内容の文章がくるときに使う
「あるいは」…二つの違う意味の文章をならべるときに使う
「さらに」…前の文章に付け加えるときに使う

❷ 「ありがとうございました」と過去形になっているので、次の文は「おはなしは　おもしろかったです」となります。「また、あそびに　いきたい」は希望の意味ですが、ここでは使わずに、「また、あそびに　いきます」と予定を表す表現を使います。最後は、「おいでなさい」ではなく、「おこしください」や「きてください」を使います。

❸ まず、誰に対して手紙を書くかを考えます。次に、どういうお礼を書くかを決めます。

注意 文章を書くときは、次のことに気をつけます。
・主語と述語がわかるように
・句読点の打ち方
・文字はふつう、一ますに一文字書く

上級レベル 108 文しょうを　かく (2)

解答

❶ ・どこまでも　すみわたるような　空だった。
・あそこに　いるのは　わたしの　ともだちです。
・いっしょに　こうえんへ　いきましょう。
・さいわい　ケガは　かるく　すんだ。(順不同)

❷ れい　ぼくは、大きくなったらサッカーせんしゅになりたいです。このまえの土よう日に、サッカーのしあいを見にいきました。ぼくの大すきなせんしゅが、とてもかっこよくゴールをきめたすがたを見て、サッカーせんしゅになるときめました。そ

れからまい日、学校のグラウンドで、いっしょうけんめいれんしゅうをしています。

わたしは、小学校の先生になりたいです。一年生のたんにんのひとみ先生は、とてもやさしい先生です。わたしもひとみ先生のような、やさしい先生になりたいです。そのために、まい日しゅくだいや本よみをがんばっています。字もきれいにかくれんしゅうをしています。

指導の手引き

❶ どの言葉を組み合わせると文としてつながるかを考えます。

❷ 最初に自分の夢を書きます。スポーツ選手や学校の先生、お花屋さん、警察官、料理人など、たくさんあります。好きなことを書くとよいでしょう。その次に、なりたい理由や体験を書きます。最後に、目指している自分の姿を書ければ、正解です。

標準レベル 109 文しょうを　かく (3)

解答

❶ れい　かだんに水をあげにいきました。すると、花がふまれていました。よく見ると、足あとがありました。犬がはしっていました。

❷ ①あには　中学生です。
②なつに　うみへ　いきます。
③夕やけが　きれいです。
④あなたの　本は　ここに　あります。

❸ れい ①ゆっくりと　はなせ。
②ここには　すわらない。
③これは　さくらの　花ですか。

指導の手引き

❶ 4つのイラストの流れは次のとおりです。
・花だんに水をあげにいく。
・花がふまれていて、驚く。
・花だんに足あとを発見する。
・犬が走り回っていることに気づき、犬の足あとだとわかる、または、犬が花をふんだとわかる。
「悲しい」や「くやしい」といった感情が書かれていれば、なおよいですが、事実をならべて書いただけでも正解です。

❷ ①「だ」を丁寧な言い方に直すと、「です」になります。④「ある」や「いる」を丁寧な言い方に直すと、「あります」「います」となります。

ポイント 「です」「ます」を使うことで丁寧な言い方になることを、覚えておきましょう。

③ ①「～しろ」「～せ(よ)」「～しなさい」と書くことで、命令の言い方になります。②「ろう下は走らない」などのように、「～しない」と書くことで、禁止の言い方になります。また、禁止と命令の言い方を合わせたような、「ここにすわってはいけない(いけません)」でも正解になります。

110 上級レベル 文しょうを かく (3)

解答

1 れい

ぼくは、まいしゅう日よう日に、おばあちゃんのいえへいきます。おばあちゃんのいえでは、はたけで草むしりや水やりをします。草は、いっしゅうかんのあいだに、たくさんはえてきて、ぼくのすることはたくさんあります。おばあちゃんのはたけでは、やさいがたくさんとれるので、とてもたのしいです。

わたしは、まいしゅう日よう日は、おうちで、お手つだいをしています。いちばん大すきなことは、せんたくものをほすことです。きれいにあらいおわったせんたくものをそとにほすと、ぬれているせんたくものたちが、お日さまのひかりをあびてよろこんでいるようにおもうからです。つぎの日よう日もはれますように。

2 れい

わたしがいちばんすきなものは、犬のタロウです。タロウは、わたしを見つけると、しっぽをふって、はしってきます。そのすがたは、とてもかわいいです。まるで、ぬいぐるみのようです。かみなりがなったとき、タロウはわたしの足もとで、ぶるぶるとふるえていました。わたしは、タロウをしっかりとだきしめました。

ぼくは、おとうさんからもらった、れきしの本が大すきです。むかしの人がしたことや、できごとのないようをしると、わくわくします。この本をつかって、おとうさんもべんきょうしていたそうです。しょうらい、おとうさんのように、かっこよくしごとをしたいです。

指導の手引き

1 いつ・どこで・何をするのかがわかるように書きます。難しいことを書くのではなく、日常的な出来事を考えると書きやすいでしょう。部屋の掃除や片づけ、食事作りのお手伝いといった家事の内容だけでなく、サッカーや野球、水泳といったスポーツの習い事を書くのも正解です。内容よりも、文章がきちんと書けているかを確認するようにします。

2 はじめに、何がいちばん好きなのかを書きます。それがどういったもので、どこで手に入れたのかなど、たくさんの情報を付け加えていくと書きやすいです。プレゼントでもらったものや宝物であることが書けているとよいでしょう。

111 最上級レベル 15

解答

1 (1) れい ・ふだんと ちがう 目で さがす。
・木を 見あげる。
・えだや はを ぼうで たたく。
・じめんの 上を よく 見る。
・草むらの 草の あいだを のぞく。
・林の おちばの 下を 見る。
・じめんを スコップで ほる。
の うち 三つ。(順不同)

(2) ①ウ ②ア ③イ

指導の手引き

1 (1)「生きものを 見つけるには……」という問題なので、「見つける」とよく似た言葉、「さがす」「見あげて みる」「つかまえる」「よく 見る」「のぞいて みる」「下を 見る」「ほって みる」などの言葉に注目して、文章中から「生きものを 見つける」方法を探し出します。

(2)本文中に、①～③の虫の名前を見つけ、その前後の文章から答えを探します。

112 最上級レベル 16

解答

1 (1)ボール・小さなあな

(2) れい さんそ・えさと なる 小さな 生きもの(順不同)

(3)(○を つける もの)左

指導の手引き

1 (1)傍線部のあとに、「こぶ」の形についての説明が書かれています。また、「一れつ」にならんでいるのは、「小さな あな」です。「小さな あな」の中にサンゴヤドリガニが入っています。

(2)第四段落に、こぶの小さなあなについての説明が書かれています。カニは、小さなあなから入ってくる水に含まれている「酸素」を取り込み、呼吸をしています。また、水と一緒に、「えさと なる 小さな 生きもの」が入ってくる、とあります。

(3)最後の段落に「メスの カニ」について書かれています。「オスの カニ」は小さなあなを通り抜けることができますが、「メスの　カニ」は、一生、外に出られないと書かれています。

113 仕上げテスト①

解答

★1 は(を)・を(は)・へ
★2 ①ボールペン　②プラネタリウム
★3 学校に　いくのが　まい日　たのしくて、はりきって　出かけます。
★4 ①6　②8　③4　④8
★5 ①すいでん　②しんりん　③きゅうじつ　④でぐち　⑤ゆうだち　⑥じんせい　⑦ふたり(ににん)　⑧はつか(にじゅうにち)
★6 ①白・犬　②大・耳　③手・草　④足・上　⑤小・虫　⑥貝・見

指導の手引き

★1 「を・は・へ」の使い方を覚えます。「へ」は「に」にも置き換えられます。

★2 ①のばす音は「ー」で表します。

★3 「、」をつける場所は、文を読むときにどこで区切るのかを意識するとわかりやすいです。

★4 筆順を正確に覚えることで、バランスのよい字を書くことができます。また、筆順が合えば、総画数も合うようになります。

★5 ⑦と⑧では熟字訓の読みがあります。一字一字の読みではなく、熟語になったときに特別な読み方をする言葉です。ほかに「一人《ひとり》」「二日《ふつか》」などがあります。読み方をしっかり覚えるとよいです。

★6 ⑥字形が似ている漢字です。下の部分をはっきりと区別して書いているかを確認します。

114 仕上げテスト②

解答

★1 ①さつ　②足《そく》
★2 ①左　②下　③女　④小
★3 ①一　②2　③4　④4
★4 ①休む　②入る　③生まれる　④正しい
★5 ①ちかい　②さむい　③せまい
★6 ①百円玉　②名字　③川・花火　④学校・先生　⑤気・王子　⑥糸車

指導の手引き

★1 数詞の問題です。日常生活で正しく使うことで自然と身につくので、いろいろな場面で使うようにするとよいです。

★2 反対の意味を持つ漢字は、セットで覚えるようにするとよいでしょう。

ポイント 一年生で習う漢字で対になる漢字には、ほかに「入―出」があります。

★3 どれも筆順を誤りやすい漢字です。②「右」は横画を二画目に書きますが、「左」の横画は一画目に書きます。これは、「横画が長く左はらいが短い字(右や有など)は、左はらいを先に書く」という筆順の決まりによるものです。

★4 ③「生れる」と書かないように注意します。

★5 ②この場合の「あつい」は気温の意味で、反対は「さむい」です。温度の場合なら「つめたい」になります。あつい日―さむい日、あつい お茶―つめたいお茶など、修飾される言葉をつけて考えるとわかりやすいでしょう。

ポイント 送りがなは、活用するところから送る、という原則があります。たとえば、「やすまない・やすみます・やすむ」という活用により、「休む」となります。

115 仕上げテスト③

解答

★1 (1)(音)どん　(かたち)しだれやなぎ
(2)きれいだな
(3)(〇を　つける　もの)中
(4)(〇を　つける　もの)左

指導の手引き

★1 (1)花火が広がるときの音の様子を、詩の中から探します。書き出しに「どんと　なった」とあります。また、花火の形は「しだれやなぎが　ひろがった」からわかります。「しだれやなぎ」は、長く尾を引いて落ちる花火の形の名前です。
(2)人の感情が書かれているところを探します。詩のほとんどは花火について書かれていますが、三行目に花火についての感想、「きれいだな」が見つかります。
(3)詩の第二連では、花火の色が赤・青・金と変化しています。花火の形は「しだれやなぎ」なので、花火の様子は色の変化だけになります。
(4)消去法で考えてもよいです。花火を見て「あきれて」いたり「おどろいて」いたりする様子は、この詩の中からは感じられません。花火を見て、わくわくしているような印象を受けます。

116 仕上げテスト④

解答

★1 (1)つのもまだない

(2)あそんで　いた
(3)れい　いつでも　牛にゅうを　のむ・おこって　いるのか
(4)(○を　つける　もの)中

指導の手引き

★1 (1)「牛の　子どもが　まきばに　いました」のあとに、「子どもの牛」の様子について、「つのも　まだ　ない」とあります。
(2)「ぼくが　よんだら」のあとに、「子どもの牛」の様子が書かれています。
(3)詩の後半部分に、「ぼく」が想像している内容が書かれています。本当は「子牛」が飲むはずだった牛乳を、「ぼく」が飲んでいるので、「子牛」は怒っているのではないかと「ぼく」は考えています。
(4)詩の最後の部分に「おこって　いるのか　まきばの子牛」とあります。「のか」と書かれていることから、「ぼく」が、「子牛」を呼んでも来てもらえなかったことに対し、「子牛」が何を考えているのかを想像した詩だとわかります。

ポイント
この詩の中には、主語と述語の順序が反対になっているところがあります。これを「倒置法」といいます。その部分を強調したいときに使う表現技法であることも、あわせて覚えておくようにします。

117 仕上げテスト 5

解答

★1 (1)カーン　(2)(○を　つける　もの)右上
(3)しょうぼうかん(しょうぼうし)
(4)(○を　つける　もの)中
(5)(○を　つける　もの)右

指導の手引き

★1 (1)文章中から音を表現している言葉を探すと、最後の段落に、消防車がかねを鳴らしている部分があります。
(2)直後に「あかるく　なりました」とあることから考えます。
(3)「おとうさん」が何をしているかを文章中から読み取ります。また、後半部分に「しょうぼうしゃ」がかねを鳴らしている様子が書かれています。ここから、「おとうさん」は消防官(消防士)であることがわかります。
(4)傍線部のあとに、「さけびました」「おとうさん、がんばれ！」と続くことから、「たくや」が夢中になって「おとうさん」を応援していることがわかります。
(5)「おとうさん、がんばれ！」や「すごいなあ、おとうさん」と書かれていることから考えます。「おとうさん」が火の中から「ちかちゃん」を助け出せたことを「たくや」はうれしく思い、「おとうさん」のことを心の中で誇りに思って喜んでいるのでしょう。

118 仕上げテスト 6

解答

★1 (1)ニジ　(2)(カニの　)つめ
(3)(○を　つける　もの)右
(4)(○を　つける　もの)左

指導の手引き

★1 (1)「カニ」が手を下げたときにどうなるのかを考えます。「下げると、ニジが　きえて　いくよ。」「ニジが　すーっと　きえて　いきました」「ニジは　なくなり」とあるので、「カニ」が手を上げていないと、ニジが消えてしまうことがわかります。
(2)「カニ」の行動に着目します。「(手を)下げると、ニジが　きえて　いくよ。」と言ったあと、カニは「つめ」を下げています。
(3)「カニ」がなぜ手を高く上げているのか、また、手を下げるといったいどうなるのかについて、「ぼく」が興味を抱いていることが、「なぜ　そんなに　手を　たかく　上げて　いるの」などの「ぼく」の会話から読み取れます。
(4)この文章は、「カニ」がいつも手を上げているのはなぜだろうという空想から生まれた、ふしぎな物語です。

ポイント
動物と人が言葉を交わすことは実際にはできませんが、物語の中で会話をしていることがあります。このような物語では、動物はまるで人のように会話をします。

119 仕上げテスト 7

解答

★1 (1)(○を　つける　もの)中
(2)れい　ふゆの　あいだに　つもった　ゆきや、いけに　はった　こおりを、なつに　つかえるように　とって　おくこと。
(3)ひこうき・れいぞうこ(順不同)
(4)れい　ゆきや　こおりを　ふかい　あなに　いれ、草を　かぶせる。

指導の手引き

★1 (1)前後の文章の関係から考えます。
(2)直前の段落の内容を指しています。「れいぞうこが　なかった」ために、大変だったこととは何か、と考えます。
(3)昔は、雪や氷を保存することはとても大変でした。何があれば、雪や氷を運んだり、溶けないようにすることができるのかを考えます。「ひむろ」は、昔使っていたものなので、ここでは当てはまりません。
(4)雪や氷を長く保存することができる方法が直前に書いてあります。この部分をまとめます。なお、自由な発想で書いてもよいでしょう。

120 仕上げテスト 8

解答

★1 (1)こくえん・ねん土

(2)こくえんと　ねん土を　まぜる　とき　こくえんの　りょうを　おおく　する。

(3)こくえんと　ねん土を　まぜる　とき　ねん土の　りょうを　おおく　する。

(4)①うすく　②こく

(5)こくえん～のです。

指導の手引き

★1 (1)第二段落で説明されています。

(4)アルファベットにまどわされず、説明にあるとおり、上の数字に従ってしんの濃さ・薄さを考えるようにします。

(5)第三段落のはじめから第四段落のおわりまでで、しんが濃くなったり薄くなったりする理由を説明しています。

メモ